Salute mentale e

sensibilità elevata

Manuela Pérez Chacón
Antonio Chacón
Juan Moisés de la Serna

Tektime Editore

2021

"Salute mentale e sensibilità elevata"

Scritto da Manuela Pérez Chacón, Antonio Chacón y Juan Moisés de la Serna

1a edizione: luglio 2021

© Juan Moisés de la Serna, 2021

© Tektime Edizioni, 2021

Tutti i diritti riservati

Distribuito da Tektime

https://www.traduzionelibri.it

Sugli autori:
Manuela Pérez Chacón

Manuela Pérez Chacón, laureata in Psicologia, Dottoranda del Programma interuniversitario in Psicologia delle Risorse Umane all'Università di Siviglia e all'Università di Valencia. Specialista in Psicologia Clinica. Specialista in Psicologia Industriale. Specialista universitaria in Educazione Speciale: Pedagogia terapeutica. Esperto professionista in "Disturbi psicologici in bambini e adolescenti". Master in Prevenzione dei Rischi Lavorativi, specialità Sicurezza, Igiene, Ergonomia e Psicologia.

Professionista della Psicologia con oltre 10 anni di esperienza nell'area della salute e prevenzione dei rischi psico-sociali. Specializzata in intervento terapeutico clinico e psicologia del lavoro. Esperta in Disturbi Psicologici infantili e giovanili. Membro fondatore de la Unidad de Salud Mental Infanto-Juvenil del Hospital Puerta del Sur (USMIJ-Clínica Jerez). Medaglia d'Oro al merito professionale del Consiglio Generale delle Relazioni Industriali y Scienze del Lavoro, Premio PREVER 2018, per le sue ricerche nel campo dei Rischi Psicosociali nelle Organizzazioni. Collegiale ne El Colegio Oficial de

Psicólogos de Andalucía Occidental número AN-06014.

Presidente dell'Associazione Spagnola dei Professionisti della Alta Sensibilità ((PAS España). Psicologa specializzata in PAS (persone altamente sensibili) e referente in Spagna come esperta di Alta Sensibilità.

Divulgatrice e conferenziere specializzata in Psicologia Infantile e Sensibilità del Pensiero Sensoriale (SPS) nei bambini. Prima spagnola certificata come psicologa specializzata in Alta Sensibilità. (Riconosciuta professionista da Elaine Aron). Ha concesso diverse interviste per mezzi di comunicazione molto conosciuti come Cadena SER, La1 de RTVE o El País.

Antonio Chacón

Esperto in rischi psicosociali con 15 anni di esperienza nel Servizio di Prevenzione Esterno (SPE). Dottorando del Programma di Psicologia delle Risorse Umane (Università di Siviglia). Assistente professore del Master in Prevenzione e Rischi Lavorativi e del Master in Sistemi Integrati (Università internazionale de La Rioja - UNIR).

Fondatore dell'Associazione di Psicologi e

Professionisti dell'Alta Sensibilità (PAS Spagna). Premiato con la Croce di Onore della Sicurezza e Salute del Lavoro e con la Medaglia d'Oro del Foro Europa al Prestigio Professionale. Divulgatore del rischio dell'Alta Sensibilità nelle Organizzazioni.

Juan Moisés de la Serna

Dottore in Psicologia e Master in Neuroscienza e Biologia del Comportamento. Professore Universitario.

Ad oggi, la mia ricerca si concentra nei fattori potenziali che hanno influenza sul COVID-19 e sulle complicazioni psicologiche e neurologiche a breve e lungo termine dopo la infezione da SARS-CoV-2 negli umani.

In base a reserachgate.net l'autore più letto in Spagna nel 2020.

Divulgatore scientifico con oltre trenta libri pubblicati sui temi della Psicologia e Neuroscienza incluse le tematiche di AD; PD; TEA; TDAH; EQ; MSD; Hiq.

Prologo

L'interesse che ha destato il nostro primo libro sull'Alta Sensibilità ci ha incoraggiato a continuare con la divulgazione dell'argomento. Questo secondo libro si concentra di più sulle difficoltà, così come, nelle capacità dell'ambito psicologico che possono influenzare le persone altamente sensibili. Saper gestire il tratto dell'Alta Sensibilità è fondamentale per raggiungere il massimo potenziale della crescita personale della Persona Altamente Sensibile (PAS). Da lì l'importanza di saper prendersi cura delle necessità dei bambini e bambine altamente sensibili (BAS) fin dalla tenera età. I piccoli BAS sono gli adulti PAS. Risolvere fin dall'infanzia, evita trattamenti in età più avanzate.

Durante il corso della vita, un PAS, può attraversare problemi o disturbi psicologici passeggeri, derivati da una cattiva gestione della sua caratteristica. In queste pagine cerchiamo di riflettere esempi reali di persone che hanno usufruito di consultazione psicologica cercando una soluzione alle "buche sulla strada". Molti PAS lo scoprono alla radice di uno questi alti e bassi delle loro vite. Saper intraprendere un cammino adeguato, scegliere di tenere vicino persone che rispettano la caratteristica PAS e imparare a porre limiti, sono gli obiettivi più richiesti ai PAS che si rivolgono alla Salute Mentale.

Questo libro mira ad aiutare tanto la persona che legge, quanto il professionista della salute o della medicina, in quanto attingendo alla nostra esperienza come esperti professionisti dell'Alta Sensibilità cerchiamo di offrire sia soluzioni ai problemi derivati dall'essere PAS, esempi di persone che sono transitate per le stesse tappe, sia di mostrare quei disturbi più comuni derivati dall'avere questa personalità tanto particolare. Anche se essere PAS o BAS non è un disturbo, è necessario imparare ad adattarsi alla società odierna fino a che la società non si familiarizzi con l'Alta Sensibilità.

Manuela Pérez

www.pasespana.org

Indice

Capitolo 1. Introduzione allo studio della relazione tra Alta Sensibilità e Salute Mentale

Come persona altamente sensibile, o come professionista della salute mentale, potrete beneficiare della lettura di questo libro. Può essere che siate una persona che ha scoperto il suo tratto altamente sensibile dal non sentirvi bene con voi stessi. A volte si passano anni a cercare una spiegazione, andando da uno psicologo o da uno psichiatra, o cercando informazioni, finchè qualcuno ci illumina con l'esistenza delle Persone Altamente Sensibili (PAS).

Magari siete un professionista che ha assistito persone che non terminavate di curare, persone che non arrivavano ad avere un disturbo, ma che avevano qualcosa che le impediva di crescere e continuare il loro cammino con naturelezza. Forse, siete il caso di chi non si capisce con il proprio partner, in cui sembra che ognuno parli una lingua diversa, dovuto al fatto che ciascuno di voi sente e percepisce il mondo in maniera diversa. Può essere che abbiate lasciato un lavoro perchè non vi sentivate a vostro agio con la maggior parte della persone, nè con compiti ripetitivi e di routine.

E' vero che tutti abbiamo una sensibilità ed è anche vero che chiunque può aver bisogno in alcuni momenti della propria vita di andare da uno psicologo per risolvere piccole o grandi cose. Nel libro si vuole cercare di apportare una forma di lavorare con le persone altamente sensibili.

Queste parole serviranno tanto perchè possiate identificare il tratto, quanto per rilevare le conseguenze psicologiche dello stesso, da un punto di vista del professionista della psicologia. SI parla di Alta Sensibilità (AS) o Sensibilità del Processamento Sensoriale (SPS), vista dagli esperti di salute mentale, contributo di esperienze e basi scientifiche.

Spiegheremo in cosa consiste essere una persona altamente sensibile e il loro rapporto con l'ambiente circostante, in maniera assolutamente rigorosa. Leggendo questo libro imparerete a conoscere i disturbi psicologici più comuni e perchè ne possono soffrire le persone altamente sensibile. Tutto questo è spiegato dalla psicologia.

Le esperienze delle persone altamente sensibili ci servono come esempio senza ombra di dubbio. Nonostante vogliamo rendere cosciente la popolazione interessata sui PAS e BAS, sull'importanza che suppone sia in mano ai professionisti della salute. Sono gli psicologi, orientatori, pediatri e psichiatri formati sull'Alta Sensibilità, le persone più adatte a fornire soluzioni ai problemi che possono insorgere.

E' fondamentale tenere in conto che essere altamente sensibili non è simile ad avere un disturbo, in verità trattamenti concreti si stanno sviluppando dall'indagine scientifica. Possedere il tratto dell'alta sensibilità può portare a determinate difficoltà, ma anche a benefici sotto forma di vari vantaggi. L'identificazione e la diagnosi di qualsiasi disturbo associato al tratto, deve rimanere in mano agli esperti di salute mentale.

Molto importante è sapere a chi rivolgersi per cercare soluzioni se si ha questo tratto o se insorgono dubbi, come sapere che chiunque fra le persone che vi circondano può essere un PAS.

E' altrettanto fondamentale avere fiducia nella scienza e nella psicologia. Le tecniche e i trattamenti psicologici sono il risultato di esperimenti e indagini che hanno portato a termine numerosi esperti nel corso degli anni. In questo libro cerchiamo di connettere suddetto rigore scientifico con un tratto di personalità che da adesso in poi chiameremo in forma colloquiale Alta Sensibilità e il cui nome scientifico corrisponde a Sensibilità di Processamento Sensoriale.

La Persona Altamente Sensibile possiede una forma di percepire e sentire che si porta dalla nascita e si va modellando con le esperienze. Si tratta di un tipo di personalità che include un'elevata capacità di processare le informazioni dell'ambiente circostante, essere più coscienti di tutto quello che entra attraverso i cinque sensi, soprattutto nelle situazioni nuove o inaspettate. La teoria dello sviluppo emozionale dello psicologo polacco Dabrowski durante l'inizio della Psicologia come scienza, classificava questa capacità come parte dei diversi livelli di sviluppo umano.

Per tutte quelle persone che, coinvolte nell'assistere la parte emozionale di una persona simile, sia un figlio, uno studente o un paziente, questo libro darà sia le informazioni, che le possibili soluzioni. Nel libro troveranno chiavi che non sono presenti in altri testi, visto che vi si spiega la relazione tra l'Alta Sensibilità e le sue possibili conseguenze durante il corso della vita. Oltre a tenere un focus pratico, che aiuti le persone altamente sensibili a gestire il loro tratto, e che aiuti anche a interagire con giovani altamente sensibili, il libro apporta dati ed esempi di lavori di consultazioni, e indagini più recenti che avvallano l'Alta Sensibilità.

Questo libro è frutto della collaborazione tra professionisti dell'alta sensibilità, e ha sviluppato la sua forma a partire da un progetto di indagine. Il libro riporta le informazioni raccolte in terapie di gruppo e in sessioni individuali di psicologia, realizzate durante vari anni nei dipartimenti di salute mentale e affronta alcuni temi centrali del lavoro quotidiano dei professionisti dell'Alta Sensibilità nell'infanzia e nell'adolescenza. I giovani sono un campo di grande interesse assistenziale, di studio e trattamento, e soprattutto per il bene della prevenzione di possibili disturbi mentali. I giovani sono il potenziale umano del futuro prossimo delle imprese.

I sintomi che possono derivare dalla presenza del tratto altamente sensibile in un individuo, si concentrano dal punto di vista degli assi diagnostici del Manuale diagnostico e statistico dei disturbi mentali. I fattori di rischio, trattamenti reali e prevenzione, si sono basati su terapie cognitivo-comportamentali. La diagnosi e la valutazione prevede il confronto e la confusione con disturbi che assomigliano ad alcuni segni patologici. Rispetto ai modelli di indagine descritti, includono le teorie scientifiche di livello internazionale che fanno del tratto una scoperta dell'Alta Sensibilità.

Nella realtà esistono numerose indagini che supportano l'esistenza di questo tratto particolare in una parte della popolazione mondiale. Numerosi scienziati di diversi paesi apportano dati contrastanti su questa particolare forma di sentire, pensare e comportarsi.

La scienza ci ha dimostrato che finora, tramite gli studi realizzati che circa il 20% della popolazione possiede l'Alta Sensibilità (Aron y Aron, 1997). Si tratta di persone con una capacità innata di osservare i minimi dettagli e lo fanno in modo incosciente. Hanno anche bisogno di più tempo di riposo visto che ricevono troppa stimolazione e devono imparare a gestire le loro emozioni di fronte a un eccesso di rumore o in luoghi affollati. Mostrano forti risposte emotive e in alcune occasioni hanno bisogno di più tempo di inattività. Allo stesso modo, gli autori affermano che all'interno di questa percentuale di persone che possiedono questo tratto innato, vi è circa un 70% di introversi.

Lo sviluppo della scala infantile altamente sensibile e identificazione di gruppi di sensibilità (Pluess, 2017), pubblicato da Developmental Psychology, è un altro studio statistico. Tra i suoi risultati si evidenzia l'esistenza di tre gruppi distinti con livelli diversi di sensibilità ambientale. Si indica che tutti gli esseri viventi devono essere sensibili a ciò che li circonda. Classifica come altamente sensibili al 25-35%, gruppo intermedio il 41-47%, e gruppo inferiore 20-35%.

Le Persone Altamente Sensibili presentano caratteristiche dalla nascita e le accompagnano nel corso della vita, influenzando il loro benestare e per tanto la loro salute mentale. La psicologa investigativa pionera negli Stati Uniti, Elain Aron, evidenziò le seguenti particolarità delle persone PAS; la capacità di riflessione incosciente e profonda di fronte agli stimoli dell'intorno; reazione emozionale intensa derivata dal fatto che i PAS sono influenzati di più da tutto, tanto dal positivo quanto dal negativo; alti livelli di eccitazione dovuti a stimolazione sensoriale di fronte a rumori, odori e altre sensazioni; capacità empatica; e maggior sensibilità sensoriale che proviene dagli stimoli e che le portano a mostrare elevata capacità nel differenziare le sensazioni.

La persona altamente sensibile e i bambini altamente sensibili, sono individui che posseggono questi tratti della personalità di natura e che possono dirigerli verso il positivo, e anche, ad evitare di intraprendere un cammino negativo, grazie alla conoscenza di questa sua particolarità e i mezzi sufficienti per far fronte alle difficoltà che si presentano durante il percorso, così come, potenziare i punti di forza. Si tratta di persone con un dono, dovuto alla loro forma di processare le informazioni e con grande creatività, però sono anche persone che possono stressarsi facilmente o che evitano determinate aree sociali. Da lì l'importanza di sapere se si è o meno PAS o se vostro figlio sia o meno un BAS.

La persona altamente sensibile si può individuare in base agli alti livelli di sensibilità che presenta. Si tratta di persone che si emozionano facilmente di fronte agli stimoli che le circondano. Altre caratteristiche da tenere da conto sono, l'empatia e la capacità di captare l'informazione proveniente dall'ambiente circostante.

Coloro che possiedono il tratto dell'alta sensibilità, percepiscono le informazioni in maniera particolare, le analizzano tutte in modo più minuzioso, capiscono come si sente l'altra persona e portano agli estremi le emozioni che percepiscono. Per tanto, quando le emozioni del giorno sono positive (allegria, tranquillità, ottimismo, etc.), l'individuo è in grado di controllare quello che sente a suo beneficio. In questo caso è un vantaggio essere una persona altamente sensibile. Anche se, trattandosi di qualcosa di genetico, non si può scegliere, semplicemente nasciamo o non nasciamo con il tratto della sensibilità.

In cambio cuando la persona si ritrova di fronte a una quotidianità complessa e piena di emozioni negative (rabbia, tristezza, angoscia, etc.), possono comparire problemi psicologici. E' normale che nel corso della vita ci confrontiamo con situazioni difficili. In questo consiste vivere, nello sperimentare ogni tipo di esperienza e imparare a risolverla. Senza dubbio, molte volte risulta complicato prendere decisioni, già che intervengono fattori emozionali, difficili da controllare.

Le difficoltà più comuni che insorgono dopo una cattiva gestione dell'alta sensibilità sono: abbassamento di autostima, ansia, stress, paure, depressione, e incluso disturbo borderline di personalità. Alcuni dei sintomi che avvisano riguardo necessità di cercare aiuto professionale sono collegati con problemi di insonnia, dolori muscolari, stato d'animo negativo, tensione emotiva, ira, etc. Nei minori si evidenziano sintomi legati a insicurezza, timidezza, mancanza di attenzione e irritabilità.

Con questo non vogliamo dire che le persone

altamente sensibili siano più propense a sperimentare sintomi psicologici solo per essere nate con il tratto dell'alta sensibilità. Vogliamo dire che, è possibile pensare che avere maggior sensibilità agli stimoli, aumenti l'attivazione della persona in generale. Significa, che se una persona altamente sensibile vive molte esperienze che generano emozioni negative estreme, si starà esponendo a maggior pressione. Il loro corpo si starà stressando di fronte a situazioni a cui le persone che non sono altamente sensibili, possono non percepire. E' anche possibile che la somma di esperienze di tensione, generi nella persona altamente sensibile sintomi fisici, che a qualsiasi altra persona non farebbero nessun effetto.

Il cervello di una persona altamente sensibile presta maggior attenzione alle sensazioni del suo corpo che sono di minor importanza. Quello di un'altra persona non percepisce queste sensazioni. Anche se rimane in sospeso dimostrare se le persone altamente sensibili si rivolgono di più al medico per problemi o lamentele, che in realtà non costituiscono una malattia.

Qualcosa che sappiamo è che le persone altamente sensibili si saturano di più con minor stimolazione rispetto al resto delle persone. La loro soglia sensoriale è più bassa.

Significa, che si vedono più influenzati dagli stimoli e per questo si sovraeccitano o si sovra stimolano con maggior facilità. Nessuno lavora bene sotto pressione nè sotto effetto di sovrastimolazione. E non tutti abbiamo la stessa resa di fronte a compiti che presuppongono troppa tensione emotiva, che si tratti di compiti scolastici o lavorativi.

E' quindi un lavoro importante della persona altamente sensibile, imparare a gestire questa intensa entrata di informazioni quando le causa problemi con la sua quotidianità. Così potrà arrivare alla fine della sua giornata con tranquillità e naturalezza. La soluzione non deve essere rifiutare attività, si tratta più di conoscersi bene e acquisire strategie psicologiche. Anche le abilità sociali si possono imparare o potenziare. Soprattutto, quando è necessario conseguire una buona valutazione di se stessi, il quale sta in consonanza con le proprie emozioni.

Anche la reazione emozionale di una persona altamente sensibile è più estrema o evidente che in qualsiasi altra persona, incluso di fronte la stessa situazione.

Per esempio, due fratelli di età simile che guardano un film drammatico, uno di loro piange disperatamente e l'altro no. Queste situazioni non hanno motivo di supporre un trauma per la persona altamente sensibile, sempre che abbia imparato a identificarsi con il suo tratto e accettare che quella è la sua forma di essere e che non si può cambiare.

Una ripercussione abbastanza comune in quelle persone altamente sensibili che non hanno identificato il loro tratto, è cercare di cambiare la propria forma di essere. Lottare contro la propria natura è impossibile e sconsigliabile. Il perfezionismo e l'autocritica che sviluppa la persona altamente sensibile, devono orientarsi a proprio beneficio. Evitare che si trasformino in svantaggi o in problemi psicologici è la chiave di una sana autostima per le persone altamente sensibili.

Una buona gestione dell'alta sensibilità consiste pertanto nell'approfittare del vantaggio che da la loro sensibilità. E così evitare i comuni inconvenienti che insorgono, affinchè non ne derivino problemi psicologici, come ansia, depressione o stress.

In sintesi, le persone altamente sensibili percepiscono gli stimoli in maniera più intensa, generando maggior vividezza nelle loro emozioni. Le emozioni che qualsiasi persona genera nella vita quotidiana possono essere positive o negative. Le positive, sono per esempio l'allegria, la felicità e l'emozione. E quelle negative possono essere la tristezza, l'apatia o l'angoscia. La persona altamente sensibile presenta maggior sensibilità agli stimoli. Questo presuppone maggior attivazione in generale e quindi, maggior pressione e malessere di fronte alle emozioni negative. Maggior tensione emotiva, aggiunta al non saper gestire le proprie emozioni, può portare a provocare sintomi psicologici e inclusi evidenti problemi di salute. Per tutti questi motivi, è importante che le persone che si identificano con il tratto dell'alta sensibilità, imparino a gestire le proprie emozioni. Arrivare a questo successo può essere a volte una sfida, o semplicemente si può acquisire in maniera naturale. Una volta conseguito il controllo di questa abilità, si eviteranno problemi psicologici, come ansia o stress.

Referenze

Aron, A., Ketay, S., Hedden, T., Aron, E. N., Rose Markus, H. y Gabrieli, J. D. (2010). Temperament trait of sensory processing sensitivity moderates cultural differences in neural response. Social Cognitive and Affective Neuroscience, 5(2-3), 219-226.

Aron, E. N. y Aron, A. (1997). Sensory-processing sensitivity and its relation to introversion and emotionality. Journal of Personality and Social Psychology, 73(2), 345–368.

Aron, E. N., Aron, A., y Jagiellowicz, J. (2012). Sensory Processing Sensitivity: A Review in the Light of the Evolution of Biological Responsivity. Personality and Social Psychology Review, 16(3), 262–282.

Dabrowski, K. (1964). Positive Disintegration. Little Brown.

Dabrowski, K. (1967). Personality-shaping through positive disintegration. Little Brown.

Dabrowski, K. (1972). Psychoneurosis is not an illness. Gryf Publications.

Dabrowski, K., Kawczak, A. y Piechowski, M. M. (1970). Mental growth: through positive disintegration.

Gryf Publications.

Dabrowski, K. y Piechowski, M. M. (1977). Theory of levels of emotional development. Vols I y II. Dabor Science Publications.

Díaz-García, M. I. y Díaz-Sibaja, M. A. (2005). Problemas cotidianos del comportamiento infantil en M.I. Comeche, y M.A. Vallejo (Coor.), Manual de terapia de conducta en la infancia. Dykinson.

Pluess, M. (2017). Vantage Sensitivity: Environmental Sensitivity to Positive Experiences as a Function of Genetic Differences. Journal of Personality, 85(1), 38-50. doi: 10.1111/jopy.12218

Capitolo 2. Caratteristiche della persona altamente sensibile

La persona altamente sensibile percepisce gli stimoli dell'ambiente che la circonda, facendo caso ai dettagli. Si tratta di un processo che mette in atto in forma incosciente, quasi senza accorgersene. Tutta l'informazione che la persona riceve attraverso i sensi, in situazioni nuove, viene accuratamente analizzata. Vista, udito, gusto, tatto e olfatto sono allo stesso livello di sviluppo di una persona non PAS, senza dubbio, la percezione che deriva da questi organi si vede maggiormente beneficiata nei PAS.

Percepire come un PAS è simile a sentire tutti gli estremi di uno stimolo. Percepiscono un rumore troppo alto, o si accorgono bene di uno troppo basso. Si godono sapori intensi, o possono notare un leggero ingrediente aggiunto in una ricetta.

Ciò a cui ogni persona è più sensibile di solito varia da una persona PAS all'altra, alcune dimostrano la loro sensibilità ai sapori, altre ai suoni, alle luci, agli odori o ai tessuti. Ma hanno tutti una sensibilità estrema e palese.

La differenza con persone non PAS si radica nei gusti e interessi che esse presentano. Le persone non PAS differiscono con i PAS in quello che scelgono come interesse o gusti, se preferiscono un tipo di cibo, o un tipo di musica.

In cambio, i PAS possiedono un bisogno maggiore per un interesse o gusto, si tratta di qualcosa di innato che non è determinato dal semplice fatto del proprio gusto.

Potremo dire che c'è una forza biologica che porta il PAS a percepire i due lati di una moneta. Molte delle lamentele vanno verso il sentire troppo caldo, o anche troppo freddo. Pare che non abbia una via di mezzo. In alcune occasioni si vogliono circondare di molte persone in altre richiedono solitudine. In questo modo con molte situazioni, si genera incongruenza tra le persone con cui convivono.

L'aspetto positivo ci dimostra che una persona altamente sensibile gode dei dettagli della vita. Lo dimostrano attraverso le sensazioni che gli suscitano diversi dettagli, come una conversazione profonda, la luce del mattino o visitare un museo. Nelle relazioni personali, l'amore e l'amicizia acquisiscono un senso superiore. Allo stesso tempo sfruttano la riservatezza che ottengono in quei momenti da soli, dove possono dare sfogo alla loro creatività. Molti di loro sono bravi a disegnare, ballare o cucinare, altri hanno la capacità di prendere buone decisioni e anche di aiutare gli altri. Sono molti diversi gli aspetti in cui possono spiccare le persone altamente sensibili grazie alla loro creatività ed emotività.

Rispetto alla nozione del tempo, le persone PAS hanno bisogno di tempo da sole, per disconnettere dalla quotidianità. In particolar modo dopo aver vissuto esperienze di elevata stimolazione, il loro corpo chiede spazio per rilassarsi, silenzio e tranquillità.

Le emozioni di una persona altamente sensibile si caratterizzano per la loro flessibilità nel librarsi in situazioni stimolanti. L'esistenza di esperienze che generano emozioni estreme è decisiva per la persona PAS. Sono capaci di godere molto di più del positivo, ma anche di soffrire molto di più per ciò che fa male.

Il sistema nervoso PAS, agendo di default, reagisce stimolato dalle emozioni generate da quanto accaduto nell'ambiente circostante. Il sistema limbico è la parte del cervello responsabile della produzione di emozioni, generando risposte neuro-chimiche e ormonali. In questo modo, l'emozione è associata a ciò che è stato vissuto. L'emozione è un impulso inconscio, basilare e primitivo. Tuttavia, quando si ripetono le emozioni associate a esperienze simili, la persona inizia a darle un valore concreto formando un sentimento nei suoi confronti. La persona PAS esternalizza questi sentimenti attraverso una sensibilità fine e sottile.

Oltre a sentire in maniera profonda, la persona altamente sensibile, pensa e agisce come un tutto riflessivo. Senza fare caso a ciò che fanno, processano l'informazione riflettendo prima di agire, attraverso l'osservazione dettagliata degli stimoli. Allo stesso modo sono capaci di captare messaggi nascosti di altre persone, rendersi conto di segnali che si trasmettono senza dire nulla, grazie alla loro empatia. La dottoressa Bianca Acevedo (2014) ha studiato la parte del cervello adibita allo stimolo dei neuroni specchio, responsabile dell'esistenza dell'empatia. Si è riscontrata maggior incidenza di questo tipo di neuroni nelle persone altamente sensibili. In questo senso, le persone PAS hanno quella capacità innata di riuscire a mettersi nei panni degli altri e sapere cosa sta sentendo l'altra persona. D'altro canto, possedere suddetta capacità non implica necessariamente nessuna tensione nell'agire su di essa.

IRENA 5 ANNI

Quando la madre di Irena decise di affidarsi a una consultazione psicologica, aveva passato anni sopportando i commenti durante i pasti in famiglia e incontri con amici. Con la migliore delle intenzioni, nonni, zii, cognata e amici mostravano il loro interesse verso la salute psicologica di Irena. Molto lontani dall'immaginarsi che in lei non ci fosse niente che non andasse, erano loro che stavano mettendo da parte l'attenzione per la diversità in quanto personalità. Le frasi si ripetevano ogni fine settimana:" Che dice il suo pediatra?", "Alla sua età dovrebbe mangiare tutto, come fanno i miei figli", A scuola ha amici? La vedo così silenziosa", "Le hanno fatto fare esami per vedere se è superdotata, iperattiva, o se ha qualcosa?Non sembra che sia felice", "Deve piangere per tutto?Quando sarà più grande chi la difenderà?, "Deve sempre dire di no a tutto?Tutti i bambini stanno giocando tranne lei".

La madre di Irene si sentiva molto a disagio di fronte a simili commenti. Allo stesso tempo sapeva che sua figlia era intelligente almeno quanto la media. Così come affettuosa, allegra, felice e sensibile. Aveva anche osservato comportamenti simili nelle bambine della sua scuola, la qual cosa le trasmetteva tranquillità. Per questo, tardò nell'andare a una consulta psicologica, per evitare che mettessero un'etichetta a sua figlia, perchè il suo intuito le diceva che Irena semplicemente sentiva e si rilassava in maniera diversa rispetto ai suoi coetanei o ai figli dei suoi amici. Quando alla fine cercò aiuto professionale, le confermarono che non c'era nessun disturbo. Passato un po'di tempo, per caso, scoprì sul web, che esistono i BAS, bambini altamente sensibili, dando così soluzione al mistero del perchè Irena si comportava e sentiva la vita a suo modo.

JANE 38 ANNI

Jane aveva passato tutta la vita cercando di piacere alle persone che la circondavano, anche se questo implicava malessere per se stessa e la consapevolezza di perdere sempre di più autostima per il suo comportamento. Da piccola era una bambina obbediente, incapace di dire quello che pensava per non ferire i sentimenti dei suoi genitori. Da adolescente non aveva giudizio proprio, si lasciava "schiacciare" come diceva lei stessa, soprattutto da sua madre, che la manipolava costantemente per fare in modo che fosse la figlia che aveva progettato. La sua giovinezza si riempì di problemi relazionali con gli amici, visto che non poteva prendere le sue decisioni, non aveva imparato a farlo. Anche questo le portò problemi di coppia, Jane era così empatica che dava tutto senza chiedere nulla in cambio, lasciando che la sua paura per l'insuccesso se impossessasse di lei.

L'esperienza più traumatica raccontata da Jane, fu convivere con un partner che si comportava come se il mondo gli girasse intorno e che aveva un senso esagerato della sua importanza e dei suoi diritti. In terapia scoprì che il suo partner era un narcisista, una persona che aveva bisogno di essere al centro dell'attenzione e di elogi continui, quindi doveva lodarlo di continuo per ottenere la sua approvazione e se non lo faceva veniva punita.

Come la maggior parte dei casi, Jane pensava che era lei quella diversa e che era quello che le era toccato vivere. Si sovrapponevano due fattori, avere un alto grado di empatia, più un'educazione all'antica, cioè, crescere sentendo frasi del tipo:"poni l'altra guancia", "tranquilla è più bella" o anche, "non fare agli altri ciò che non vorresti venisse fatto a te".

Durante il trattamento, la base di partenza fu riconoscere in Jane i quattro fattori del tratto altamente sensibile. In secondo luogo, si lavorarono le abilità sociali, soprattutto l'assertività e si migliorò anche l'autostima. La paziente imparò a individuare le persone che non la facevano sentire bene e a difendersi da loro. Il fatto di aver toccato il fondo nella sua relazione di coppia, fu anche la sua salvezza, visto che cercò aiuto professionale e si accorse che non doveva permettere che un'altra persona la manipolasse, nè aspettarsi che un narcisista rispettasse la sua sensibilità, nè che stare a complimentarsi continuamente per ottenere il minimo. Jane si liberò della paura dell'insuccesso, sentendosi orgogliosa di essere se stessa e poter scegliere con chi condividere qualcosa e che decisioni prendere. Adesso non ha paura, e neanche paura di sbagliarsi, visto che preferisce commettere i suoi errori e imparare da essi, piuttosto che non essere lei stessa.

Referenze

Acevedo, B.P. (2016). The Highly Sensitive Brain: The Neural Correlates Of Sensory Processing Sensitivity. Journal of the American Academy of Child and Adolescent Psychiatry, 55.

Acevedo, B. P., Aron, E. N., Aron, A., Sangster, M. D., Collins, N. y Brown, L. L. (2014). The highly sensitive brain: an fMRI study of sensory processing sensitivity and response to others' emotions. Brain and behavior, 4(4), 580–594. https://doi.org/10.1002/brb3.242

Acevedo, B.P., Aron, E., Pospos, S., y Jessen, D. (2018). The functional highly sensitive brain: a review of the brain circuits underlying sensory processing sensitivity and seemingly related disorders. Philosophical Transactions of the Royal Society B: Biological Sciences, 373.

Acevedo, B.P., Santander, T., Marhenke, R., Aron, A., y Aron, E. (2021). Sensory Processing Sensitivity Predicts Individual Differences in Resting-State Functional Connectivity Associated with Depth of Processing. Neuropsychobiology, 80, 185 - 200.

Brown, L., Acevedo, B.P., y Fisher, H. (2013). Neural Correlates of Four Broad Temperament Dimensions: Testing Predictions for a Novel Construct of Personality. PLoS ONE, 8.

Ekman P. (2003). Expression: panel discussion. Annals of the New York Academy of Sciences, 1000, 266–278. https://doi.org/10.1196/annals.1280.013

Ekman, P. (2007). Emotions revealed (2.ª ed.). Henry Holt.

Ekman P. (2016). What Scientists Who Study Emotion Agree About. Perspectives on psychological science : a journal of the Association for Psychological Science, 11(1), 31–34.

Kemeny, M. E., Foltz, C., Cavanagh, J. F., Cullen, M., Giese-Davis, J., Jennings, P., Rosenberg, E. L., Gillath, O., Shaver, P. R., Wallace, B. A., y Ekman, P. (2012). Contemplative/emotion training reduces negative emotional behavior and promotes prosocial responses. Emotion (Washington, D.C.), 12(2), 338–350. https://doi.org/10.1037/a0026118

Turan, B., Foltz, C., Cavanagh, J. F., Wallace, B. A., Cullen, M., Rosenberg, E. L., Jennings, P. A., Ekman, P., y Kemeny, M. E. (2015). Anticipatory sensitization to repeated stressors: the role of initial cortisol reactivity and meditation/emotion skills training. Psychoneuroendocrinology, 52, 229–238. https://doi.org/10.1016/j.psyneuen.2014.11.014

Capitolo 3: Cervello ed Alta Sensibilità

Il primo approccio fatto dalle neuroscienze per cercare di capire le persone particolarmente dotate è stato fatto per capire le differenze in termini di intelligenza, ed è stato fatto basandosi sull'idea che la dimensione della testa potrebbe essere un buon indicatore che spiega come ci siano individui che sono più intelligenti degli altri, supponendo che maggiore è il volume cranico, maggiore è l'intelligenza.

Sebbene oggi possa apparire come un'approssimazione poco scientifica, fu un primo approccio che venne appoggiato da dati ottenuti dall'etologia e dalla psicologia comparata, la quale è un ramo dedicato allo studio e analisi delle similitudini e differenze che esistono tra gli umani ed altre specie di esseri viventi.

Così si deducevadedusse che quelle specie con un cranio più grande, dovevano essere più preparate ed adatte ai loro ambienti, dovuto al fatto che avessero un cervello di maggiori dimensioni e con esso maggior facilità dei processi di attenzione, percettivi o mnemonici tra gli altri.

Aspetto che si contraddiceva in apparenza con l'informazione che veniva prima dalla paleontologia, dovuto all'evoluzione dei resti ossei degli antenati degli umani, i quali segnalavano chiaramente un aumento delle dimensioni del cranio, dagli Australopitechi, all'Homo Sapiens, in ciò che è stata denominata encefalizzazione.

Estrapolando questa visione dal mondo animale, si è arrivati a considerare che le specie con un cranio più grande di quello umano, devono avere maggiori capacità o abilità di lui, come sarebbe nel caso di animali come gli elefanti, considerato il mammifero terrestre che possiede il cervello più grande.

Qualcosa che fu parzialmente scartata, poiché questa affermazione non è stata mantenuta basandosi esclusivamente su studi anatomici del cranio, risultando da essa un altro approccio.

La seconda ipotesi di lavoro, iniziata negli anni Ottanta, ha dedotto che le persone con maggiori capacità dovrebbero avere un processo cerebrale più veloce rispetto al resto delle persone con un livello di intelligenza inferiore.

Pertanto, e da questo approccio, le differenze non si troverebbero tanto nel volume o nelle strutture del cervello, bensì nelle sue componenti, cioè nei neuroni, e più precisamente nella velocità di elaborazione di questi.

Così, di fronte alla stessa cavità cranica, chi avrà un maggior sviluppo delle connessioni cerebrali, sarà colui che potrà sviluppare più capacità e abilità. Questo spiegherebbe perché gli umani hanno capacità più sviluppate rispetto ad altri esseri viventi, con un cranio di proporzioni maggiori.

E il cervello umano a differenza di altri, è strutturato in pieghe, il che permette di ritenere una maggior quantità di neuroni interconnessi tra di loro, nello stesso spazio.

Nel caso dell'Alta Sensibilità produrrà un'ottimizzazione di alcuni processi neuronali, che gli permette di superare i suoi pari in determinate abilità. Pertanto, il vantaggio che offre un maggior sviluppo neuronale e con migliori caratteristiche, comporterebbe una riduzione del trattamento delle informazioni e dei collegamenti interneuronali e con esso una maggiore intelligenza.

Entrambe le teorie sono state parzialmente validate, grazie a nuove tecniche non invasive, impiegate dalle neuroscienze, sia attraverso la registrazione dell'attività elettrica cerebrale (E.C.G.), attraverso immagini del tensore di diffusione (D.T.I.) o attraverso la risonanza magnetica funzionale (F.M.R.I.), tra le altre.

Attualmente ciò che è noto con riguardo alla prima ipotesi, è che l'importanza non risiede tanto nelle dimensioni del cranio, o del cervello, ma nella densità della corteccia cerebrale, detta anche materia grigia, cioè quanto maggiore è il numero di neuroni cerebrali, maggiore è l'intelligenza, dati comprovati grazie all'utilizzo della tecnica della voxel-based morphometry (VBM), aspetto esposto nel caso dell'intelligenza attraverso compiti di rotazione mentale, dove viene mostrata un'immagine ruotata di gradi diversi, per identificare se sembra un esempio, osservando come una migliore performance fosse significativamente correlata ad una maggiore densità di sostanza nel cervelletto, e in altre regioni corticali

Con riguardo alla seconda ipotesi, basata sulla velocità di processamento, bisogna tenere da conto che il pensiero come funzione cognitiva, è sostenuto da una base biologica, che consuma risorse limitate del cervello, poi quanto più funzioni suddetta base, più risorse disponibili e maggior pensiero si possono realizzare allo stesso tempo, o che è lo stesso, un cervello che è capace di attingere a maggiori risorse, sarà capace di rispondere in minor tempo a una domanda, liberando così risorse per nuove necessità.

Ipotesi che è stata validata grazie alle prove delle neuroscienze, tracciando correlazioni negative tra le misure delle abilità valutate tramite psicometria, sia in risoluzione di compiti o test, e l'attivazione corticale durante la realizzazione di queste prove.

Così tra quelli che possedevano maggior destrezza nella lettura, si è osservato una minor attivazione della memoria di lavoro, rispetto a quelli con capacità di lettura inferiore.

Con il tempo sono nate altre ipotesi, che completano le precedenti, per esempio e con rispetto all'informazione relativa alla connessione tra regioni cerebrali e la materia bianca, si è utilizzata la tecnica D.T.I., che permette vedere in individui vivi, una direzione virtuale delle vie neuronali, grazie alla quale si è potuto osservare, come in determinati momenti, si produce un incremento nella velocità del processamento, per esempio, ai due anni si produce un incremento della connettività sinaptica e dello sviluppo della mielina che avvolge gli assoni delle cellule nervose.

Indagini di quasi un decennio fa, hanno mostrato come esistano differenze significative nella materia bianca, in funzione allo sviluppo delle abilità cognitive.

Bisogna tenere in conto che una funzione cognitiva di solito coinvolge diverse regioni neurali, da lì l'importanza dell'interconnessione tra di loro per un maggior processamento, che si conosce come connessione funzionale, o attraverso la comunicazione diretta delle aree corticali o attraverso il corpo calloso.

Qualcosa che era già stato dimostrato tramite l'impiego di tecniche come la risonanza magnetica funzionale, all'osservare un aumento delle vie neuronali associate, quando si sviluppavano abilità come l'apprendimento della localizzazione di oggetti, osservando un aumento della connessione funzionale tra regioni corticali associate al processamento spaziale e all'apprendimento del compito.

Ulteriori prove a questo proposito sono state osservate riguardo all'attivazione di aree cerebrali coinvolte in un determinato compito, che sono sincronizzate per lavorare in modo collaborativo nella sua risoluzione.

Per quanto riguarda le evidenze offerte dalla elettroencefalogramma (EEG) utilizzato per misurare l'oscillazione delle frequenze delle onde cerebrali, è stato osservato come la localizzazione dell'attività delle onde gamma (circa 40 hertz) sia positivamente correlata ad alti livelli di elaborazione cognitiva, mentre la presenza di onde Alfa (tra 9 e 12 hertz) è stata correlata ad una soppressione dell'attività.

Bisogna tener conto che, in certi compiti, l'attivazione neuronale è importante quanto la soppressione di altre aree, poiché come indicato, le risorse sono limitate, quindi l'ottimizzazione per l'esecuzione di un compito è proprio quella di utilizzare le risorse in detto compito, sopprimere ogni altra attività fino alla sua conclusione.

Uno dei fenomeni più curiosi presentati negli ultimi anni sull'intelligenza e la sua relazione con il cervello, è rispetto a quella che è stata chiamata la rete neurale predefinita (DMN), che si riferisce a ciò che il cervello fa mentre non è. compito specifico, rispetto a quando sta facendo qualcosa, che si chiama rete orientata al compito (TPN), quindi è stato osservato come ci siano differenze nella rete neurale predefinita, nei pazienti con schizofrenia, autismo o malattia di Alzheimer, sebbene la sua le implicazioni in questi casi non sono ancora chiare.

Per quanto riguarda l'intelligenza, hanno visto che la rete neurale predefinita si correla positivamente e significativamente con il risultato dei test di intelligenza, cioè il cervello dei più capaci rimane più attivo anche a riposo, rispetto al resto delle persone.

Le neuroscienze hanno permesso di osservare le

differenze neuronali tra insegnanti e discenti, su un determinato argomento, ma anche come si modifica il cervello, specializzando i gruppi neuronali per l'esecuzione di compiti che prima non svolgevano.

Questo è stato verificato dalla magnetoencefalografia (MEG), che ci permette di analizzare la relazione, tra le strutture neuronali e la loro funzione, come si sono verificati i cambiamenti nella zona preposta alle dita, nella corteccia motoria, quando la persona è passata dall'essere apprendista padroneggiare, nel maneggiare il violino, una delle prime prove di plasticità neurale grazie alla pratica continua di un'attività.

Ma queste differenze neuronali non influenzeranno solo l'apprendimento, ma è stato anche verificato come rende la persona più sensibile alla stimolazione, ad esempio uditiva, rispondendo più intensamente al suono, sia nella sua ampiezza che nella durata, ipersensibilità che ha stato visto anche nel resto dei sensi, sia esso: vista, tatto, gusto o olfatto.

Fare una menzione speciale riguardo al cervello emotivo in persone particolarmente dotate dove è stato osservato come tendano a presentare una maggiore connettività tra la corteccia cingolata anteriore e la corteccia frontale, il che spiegherebbe la soddisfazione che c'è nella curiosità per le cose, sarebbe anche spiegare l'elaborazione emotiva differenziale, mostrando ipersensibilità alle emozioni, compresa la sofferenza da sintomi associati a depressione o ansia.

Ma questi non sono gli unici cambiamenti cerebrali riscontrati, poiché, grazie alla plasticità neurale, ogni individuo può "modellare" il proprio cervello in modo diverso dal resto, nonostante le esperienze simili offerte da una cultura condivisa facciano sì che ci siano grandi somiglianze tra gli individui. Uno studio molto recente di Sarah Pierce e altri (2021) corrobora l'esistenza di fatti che forniscono informazioni sulla base neurale delle differenze nella sensibilità di elaborazione sensoriale presenti in diversi gruppi di individui.

Nel caso delle persone Altamente Sensibili, la ricerca supporta la profondità dell'elaborazione cognitiva, caratteristica determinante nel tratto ad alta sensibilità, nonché difficile da osservare ad occhio nudo. La revisione degli studi scientifici sul cervello e l'alta sensibilità condotta da Greven et al.(2019) indica che la combinazione di ricerca umana e animale consente grandi progressi nella comprensione del meccanismo che sta alla base del tratto altamente sensibile. La ricerca sull'uomo mette in evidenza le sfaccettature del tratto nella persona altamente sensibile, perché può facilmente intuire, integrare le informazioni e rispondere agli stati affettivi di altre persone vicine. Evidenziando così la profondità di elaborazione, la consapevolezza delle sottigliezze e l'empatia verso gli altri. D'altra parte, la ricerca con gli animali consente di controllare i fattori ambientali e fornisce informazioni sui modelli di comportamento, come quelli relativi all'audacia, al comportamento proattivo, alla cautela, all'estroversione o all'introversione.

FRAN 47 ANNI

Fran è un giornalista di 47 anni che ha appena iniziato una nuova relazione dopo otto anni dalla precedente. A Fran piacciono i luoghi tranquilli, la natura e incluso andare a fare la spesa in giorni non troppo affollati. Mayka, la sua nuova compagna è avvocato, un po' più giovane di Fran. A lei piacciono i giorni di compere in orario di punta e i giorni di sconti o antecedenti alle feste natalizie. C'era qualcosa che non funzionava nella relazione, fino ad arrivare al punto di dover andare da uno psicologo per iniziare una terapia di coppia.

Nella relazione c'era attrazione fisica e piena soddisfazione sessuale. Trattandosi di una fase iniziale, abbiamo scartato che il problema potesse essere da usura della relazione, nè la presenza di alternative più attraenti.

Neanche le discrepanze avevano molta importanza, fenomeni cognitivi come supposizioni o aspettative.

Tutto puntava più alle differenze individuali tra i membri della coppia. Myaka era una ragazza molto pratica, in cambio Fran era molto analitico. Entrambi possedevano abilità di comunicazione e risoluzione dei conflitti, grazie ad essi sarebbe più facile ottenere risultati nella terapia psicologica. L'obiettivo era che arrivassero ad avere una relazione molto più gratificante.

Sarebbe possibile se riuscissimo a promuovere e adattare questi due comportamenti, la comunicazione e la capacità di risolvere situazioni critiche.

Continuando con la valutazione di coppia, si utilizzò il questionario dei problemi di López-Altswagwer (adaptado de Hahwleg, Revenstorf y Schindler, 1984) per valutare alcuni aspetti che potessero far sorgere problemi.

Aspetti tanto di coppia come personali. Allo stesso modo, il test PAS è stato utilizzato per rilevare le persone altamente sensibili disponibili sul web, https://pasespana.com/test-personas-alicamente-sensibles/, necessarie per le caratteristiche personali di Fran. Come continuazione, sono state realizzate colloqui individuali a ciascun membro della coppia, separato. Di fondamentale importanza è ottenere informazioni sul passato, sul presente e sul futuro della relazione tra Fran e Mayka. Come parte finale del processo valutativo si è proposta una tavola rotonda, prima delle sessioni vere e proprie di allenamento.

Come ci si poteva aspettare Fran era una persona PAS. Il tratto dell'alta sensibilità che lo aveva accompagnato durante tutta la vita e che non aveva mai dato problemi, adesso era evidente e determinante nella sua relazione con Mayka. Lei aveva una personalità molto distaccata o opposta a quella di Fran. Nonostante tutto, la mutua conoscenza di ciascuno dei fattori del temperamento che possedevano gli aiutò a portare la terapia a buon fine. Gli allenamenti di reciprocità positiva, nella comunicazione, nella negoziazione e nella risoluzione di conflitti, è stata adattata tenendo da conto che Fran è una persona altamente sensibile. Il risultato è stato un successo, dal rispetto reciproco e grazie all'amore che si davano l'un l'altro. La terapia di coppia ha funzionato, e sono riusciti ad essere felici nonostante le loro differenze.

Referenze

Belsky, J. (1997). Variation in Susceptibility to Environmental Influence: An Evolutionary Argument. Psychological Inquiry, 8(3), 182-186. Retrieved May 29, 2021.

Borries F. (2012). Do the "Highly Sensitive" exist? A Taxonometric Investigation of the Personality Construct Sensory Processing Sensivitity. PhD Thesis (unpublished doctoral dissertation), Univ. Bielefeld.

Déry, M., Lapalme, M., Jagiellowicz, J., Poirier, M., Temcheff, C., y Toupin, J. (2017). Predicting Depression and Anxiety from Oppositional Defiant Disorder Symptoms in Elementary School-Age Girls and Boys with Conduct Problems. Child psychiatry and human development, 48(1), 53–62. https://doi.org/10.1007/s10578-016-0652-5

Ellis, B. J., Boyce, W. T., Belsky, J., Bakermans-Kranenburg, M. J. y van IJzendoorn, M. H. (2011). Differential susceptibility to the environment: an evolutionary--neurodevelopmental theory. Dev. Psychopathol. 23, 7–28.

Hahlweg, K., Revenstorf, D., y Schindler, L. (1984). Effects of behavioral marital therapy on couples' communication and problem-solving skills. Journal of Consulting and Clinical Psychology, 52(4), 553–566. https://doi.org/10.1037/0022-006X.52.4.553

Greven, C. U., Lionetti, F., Booth, C., Aron, E. N., Fox, E., Schendan, H. E., ... Homberg, J. (2019). Sensory processing sensitivity in the context of Environmental Sensitivity: A critical review and development of research agenda. Neuroscience and Biobehavioral Reviews, 98, 287–305.

Jagiellowicz, J., Xu, X., Aron, A., Aron, E., Cao, G., Feng, T., y Weng, X. (2011). The trait of sensory processing sensitivity and neural responses to changes in visual scenes. Social cognitive and affective neuroscience, 6(1), 38–47. https://doi.org/10.1093/scan/nsq001

Jagiellowicz, J., Zarinafsar, S., y Acevedo, B.P. (2020). Health and social outcomes in highly sensitive persons.

Lionetti, F., Aron, A., Aron, E. N., Burns, G. L., Jagiellowicz, J., y Pluess, M. (2018). Dandelions, tulips and orchids: evidence for the existence of low-sensitive, medium-sensitive and high-sensitive individuals. Translational psychiatry, 8(1), 24.

https://doi.org/10.1038/s41398-017-0090-6

Pierce, S., Kadlaskar, G., Edmondson, D.A. et al. Associations between sensory processing and electrophysiological and neurochemical measures in children with ASD: an EEG-MRS study. J Neurodevelop Disord 13, 5 (2021). https://doi.org/10.1186/s11689-020-09351-0

Capitolo 4: Pazienti non sensibili e pazienti sensibili

Quando parliamo di sensibilità, sicuramente tutti pensiamo in gradi. Possiamo anche pensare che una persona molto sensibile sia ipersensibile. Per questo è importante delimitare i termini. L'ipersensibilità fa riferimento a una reazione esagerata e pericolosa a fronte di un agente esterno, esattamente come un virus, un batterio o un fattore allergico. Non necessariamente c'è una relazione tra essere ipersensibili e PAS. Per le persone ipersensibili. risolvere questa reazione che sperimenta il proprio corpo, rappresenta una difficoltà medica. In cambio, per i PAS, reagire in modo più esagerato a determinate sensazioni o agenti esterni, è questione di percezione. Niente a che vedere con reazioni allergiche nè tossine. Si potrebbe definire una forma intensa e particolare di percepire, che può portare ad essere fastidiosa o incluso manifestarsi come ipocondria.

In generale alla maggior parte, stimata come approssimativamente l'80% della popolazione, non da fastidio il rumore, le luci fosforescenti o altri elementi stimolanti dell'ambiente. La maggior parte delle persone non si fermano a pensare che gli da fastidio il volume della radio della macchina. La maggior parte non ha bisogno di spegnere all'improvviso la tv perchè gli sta dando fastidio il mormorio. Semplicemente spengono la radio se non gli interessa l'argomento e spengono la tv se non la stanno guardando. Le esperienze che suppongono un cambio repentino non devono necessariamente risultare sovra stimolanti, possono cambiare piano all'ultimo momento che senza supporre una tragedia. La stimolazione visuale che ci trasmettono i videogiochi, la pubblicità televisiva e il cinema, di solito è un elemento piacevole. Andare a un centro commerciale, a partite di basket o alla fiera del posto, è qualcosa di ricercato come attività di ozio. Secondo i gusti, si interessano a film drammatici, di paura o di violenza. Almeno le possono vedere con assoluta naturalezza. Si sorprendono quando vedono un PAS piangere guardando un film drammatico. I film drammatici sono un genere più della filmografia abituale di una persona non PAS, non pensano che non possano vederle perchè si potranno sentire ferite.

Sapere come si sente un'altra, quello che pensa e come percepisce le situazioni, si potrebbe dire che rappresenta una sfida per la maggior parte della gente. In cambio, è un'abilità dei PAS, che sono capaci di percepire nei più qualcosa che va oltre la pura visione oggettiva. Tutto il mondo si ricorderà in qualche momento ha notato come si sentiva, senza aver dato informazioni. SI tratta di linguaggio non verbale, i PAS data la loro profondità di processamento, sono capaci di percepire emozioni che a prima vista non si vedono. La persona che stanno sentendo non fa finta di manifestarle, però lascia qualche tipo di traccia o segnale facile da individuare per la minoranza PAS. Le persone altamente sensibili, essendo una minoranza della società, iniziano presto a notare che sono diversi dagli altri. Inoltre sono capaci di individuare quando le altre persone appartengono a questo 20% circa della popolazione. Alcune volte i PAS si sentono incompresi visto che sono la minoranza. Rispetto alla maggioranza, approssimativamente l'80% della popolazione che sono la maggioranza. Per loro è difficile che acquisiscano la capacità di mettersi nei panni di una persona altamente sensibile, soprattutto se non conoscono le caratteristiche del tratto. In special modo parliamo di una persona lego in psicologia, se si tratta di una persona poco empatica, o incapace di mettersi nei panni dell'altro per sua natura.

Rispetto al futuro, le persone non PAS di solito non generano un pensiero di anticipazione causa-effetto.

Vivono più il presente, tranne quando si ritrovano immersi in un disordine mentale patologico. IN condizioni normali fanno la loro vita senza pensare troppo alle conseguenze, o almeno, quelle che non suppongano decisioni importanti. Questo significa, che possono fare piani per il finesettimana con naturalezza. Senza pensare immediatamente se farà freddo, o se incontreranno una persona con cattivo carattere. O anche, senza ricorda occasioni in cui piani simili hanno avuto problemi. Semplicemente, vivono, si comportano o eseguono azioni con tutta la naturalezza del mondo. Si comportano senza necessità di generare nella mente un cumulo di possibilità, precauzioni o contraddizioni. Neanche si fanno molti esami medici e di solito si assumono rischi senza prendere tante precauzioni. Prima di commettere errori, ci provano una seconda volta immediatamente, senza generare un pensiero ruminativo di riflessione per cambiare la strategia del tentativo. La loro naturalezza non richiede loro di valutare nell'immediato tutti gli errori che in passato sono stati generati da situazioni simili. Neanche gli impedisce di comportarsi con prudenza di fronte a quello che potrebbe succedere.

Per un PAS può arrivare ad essere una sfida

ottenere un livello accettabile di stimoli nel suo posto di lavoro. Oppure è una sfida trovare luoghi che risultino gradevoli all'occhio. E' normale che all'inizio si possano sentire scomodi per via degli elementi dell'ambiente, pero la loro creatività farà in modo che mettano nel cassetto dell'ufficio un ambientatore per gli odori che possano arrivare dalle tubature, un cardigan per quando inizia la stagione dell'aria condizionata centralizzata, o porta sempre la tua bottiglietta d'acqua o dei dolci per la secchezza delle fauci. Molti provano sollievo nello scoprire di essere PAS dopo una vita che possono descrivere come piena di sofferenza. Una vita in cui non capivano che gli succedeva. Chiedendoselo tutto il tempo prima di scoprire l'Alta Sensibilità, perchè tanta intolleranza o perchè non sono riusciti a sentirsi bene in determinati luoghi o situazioni.

Riguardo ai bambini, anche in loro si iniziano a notare le differenze in età molto tenera. Da un lato, quelli che presentano il tratto dell'alta sensibilità, dall'altra, la maggioranza che non lo possiede. Comportamenti che applicano inconsciente, frutto della propria natura, possono essere considerati manifestazioni di comando in alcune popolazioni. Oppure, possono essere catalogati come comportamenti strani o stravaganti in altri luoghi. Rispettare il fatto che siamo tutti uguali, però con bisogni diversi, a volte può essere la chiave del successo per tutti.

Ottenere l'accettazione del tratto dell'alta sensibilità come una forma in più di sentire, e, per tanto, un mondo di comportarsi come chiunque altro.

Referenze

Acevedo, B.P. (2020). The basics of sensory processing sensitivity.

Belsky, J. y Pluess, M. The nature (and nurture?) of plasticity in early human development. Perspect. Psychol. Sci. 4, 345–351 (2009).

Belsky J. y Pluess M. (2016) in Developmental Psychopathology (ed Cicchetti, D.) 3rd edn, Vol 3, p 59.

Dispenza M. C. (2019). Classification of hypersensitivity reactions. Allergy and asthma proceedings, 40(6), 470–473. https://doi.org/10.2500/aap.2019.40.4274

Hefferon, K., y Pluess, M. (2013). Genetics and Wellbeing. In Hefferon, K., Positive psychology and the body: the somatopsychic side of flourishing. New York, NY: McGraw-Hill.

Hillert, L., y Kolmodin-Hedman, B. (1997). Hypersensitivity to electricity: sense or sensibility?. Journal of psychosomatic research, 42(5), 427–432. https://doi.org/10.1016/s0022-3999(96)00374-1

McKay, D., y Acevedo, B.P. (2020). Clinical characteristics of misophonia and its relation to sensory processing sensitivity: A critical analysis.

Meyer, B., Muriel, A. y David, P. B. (2005). Sensory sensitivity, attachment experiences, and rejection responses among adults with boderline and avoidant personality features. J. Personal. Disord. 19, 641–658.

Smolewska, K. A., McCabe, S. B. y Woody, E. Z. (2006). A psychometric evaluation of the Highly Sensitive Person Scale: The components of sensory-processing sensitivity and their relation to the BIS/BAS and "Big Five". Pers. Individ. Dif. 40, 1269–1279.

Woolcock A. J. (1976). Immediate hypersensitivity: a clinical review. Australian and New Zealand journal of medicine, 6(2), 158–167. https://doi.org/10.1111/j.1445-5994.1976.tb03313.x

Capitolo 5. Educazione, Elevate Capacità e Alta Sensibilità.

Nelle scuole si raggruppano gli alunni secondo la loro età cronologica. Tuttavia, durante i primi anni di vita di una persona si evidenziano altri criteri su cui potremo fare classificazioni. Si tratta dell'età mentale e dell'età emotiva. Conforme all'individuo va crescendo, in condizioni normali, i tre tipi di età vanno equilibrandosi. La differenza si radica nel ritmo di apprendimento di una determinata abilità, però non nello sviluppo di detta capacità. Per esempio, ci sono bambini che iniziano a parlare più tardi, arrivando ad avere in seguito un'ottima capacità di linguaggio. Ci sono anche bambini che iniziano a camminare più tardi di altri e finiscono per essere ottimi sportivi.

Nella misura in cui crescono, i bambini e le bambine con elevate capacità mantengono questa differenza che li caratterizzano nella loro età cronologica e nella loro età mentale, oppure, tra la loro età emotiva e la loro età mentale. In confronto con altri bambini della stessa età cronologica, si evidenzia uno sviluppo intellettuale, sociale ed emotivo. Per identificare la capacità elevata rispetto a un gruppo di pari, ci accorgiamo della necessità che presentano rispetto all'immaginare, creare o indagare. Dovuto a un modo di comportarsi con motivazione propria, sono capaci di ragionare e comunicare in forma più avanzata. A tutto questo si aggiunge una sensibilità superiore in queste persone classificate come più capaci. L'elevata capacità intellettuale è, pertanto, un fenomeno multidimensionale che include un talento specifico e alcune caratteristiche uniche della personalità, inclusa la sensibilità morale.

In questo senso, quegli aspetti che si sovrappongono tra persone altamente sensibili e persone con elevate capacità si radicano tanto nella creatività quanto nell'intensità emotiva. Entrambi i tipi di persona possono aver bisogno di necessità educative speciali, volte alla crescita delle loro capacità.

Una volta arrivata l'età adulta entrambi i tipi di personalità si caratterizzano per essere molto competenti in determinate professioni come insegnanti, psicologi o infermieri. Emergono per creatività, empatia ed altruismo.

Fino ad oggi si è osservato come le persone con sensibilità di processamento sensoriale (SPS) possono mostrare differenze anatomiche e di connessione a livello neuronale. L'espressione di queste differenze si manifesta attraverso il processo cognitivo. Tutto quello permette di capire che si tratta di una "mente diversa", anche se di questo mondo la persona altamente sensibile è capace di processare una maggior quantità di informazioni, separando quello che è rilevante, accedendo a più dati di quelli registrati precedentemente. Tutto viene eseguito allo stesso tempo, grazie a una singolare memoria di lavoro, con l'aggiunta di una metacognizione, che controlla tutto il procedimento riconoscendo e correggendo errori, ottimizzando così il risultato finale da raggiungere.

Una condizione personale che si può osservare già dall'infanzia, anche se per la sua diagnosi c'è una certa polemica, dovuta al fatto che a volte può portare un certo di grado di stigma sociale, soprattutto a causa dell'ignoranza di alcune caratteristiche da parte della popolazione in generale.

Dal neuro-costruttivismo, lo sviluppo è concepito come una successione di cambiamenti ordinati durante tutta la vita in cui l'espressione genetica si combina, attraverso l'epigenesi, la struttura e il funzionamento del cervello, con i processi cognitivi, formando così un individuo unico.

L'intelligenza sensibile che caratterizza tanto le

persone con elevate capacità come i PAS, a volte richiede una necessità educativa. È una richiesta che sta esplodendo nelle scuole e nelle famiglie. Raggiungere le pari opportunità significherà che i talenti sensibili raggiungeranno il loro massimo sviluppo personale.

Nella misura in cui i programmi educativi tengano da conto le caratteristiche dei BAS, ognuno di loro avrà la possibilità di emergere. Li si starà aiutando a potenziare il loro sviluppo. In questo modo, l'ambiente circostante va a giocare un ruolo decisivo come intermediario per sviluppare le attitudini individuali.

Altri approcci, invece, estendono l'intervento dell'ambiente oltre la scuola, includendo nei loro modelli sia la famiglia che gli amici. Essendo necessario per questi modelli, non solo interviene a livello accademico, ma cerca anche di offrire le condizioni ambientali appropriate per facilitare lo sviluppo del bambino altamente sensibile.

I PAS può essere più vulnerabile a un disturbo transitorio ad un certo punto della vita. Nascono con un temperamento innato e l'ambiente modella la loro personalità. Un ambiente pieno di stimoli eccessivi o stressanti può diventare una fonte di suscettibilità alla PAS. Al contrario, un ambiente con stimoli positivi e secondo la personalità PAS, gli fornisce le giuste circostanze per vivere in armonia con il suo tratto. Raggiungere un equilibrio tra tratto e ambiente sarà la chiave per la crescita personale e il successo educativo e professionale.

Referenze

Dabrowski, K. (1972). Psychoneurosis is not an illness. Gryf Publications.

Piechowski, M. M. (1979). Developmental potential. En N. Colangelo y R. T. Zaffrann (eds): New voices counseling the gifted. Dubuque, IA: Kendall/Hunt, 25-57.

Piechowski, M. M. (1980). Emotional sources of intellectual well-being. Comunicación presentada en el Encuentro Anual de la American Educational Research Association, Abril 7-11.

Piechowski, M. M. y Colangelo, N. (1984). Develomental potential of the gifted. Gifted Child Quarterly 28, 80-88.

Piechowski, M. M., Falk, F. y Silverman, L. K. (1986). Comparison of intellectually and artistically gifted on five dimensions of mental functioning. Perceptual and Motor Skills 60, 539-549.

Piechowski, M. M. (1986). The concept of develomental potential. Roeper Review 8 (3), 190-197.

Silverman, L. K. (1996). The emotional needs of the gifted. AGATE: Journal of the Gifted and Talented,

Education Council of the Alberta Teachers' Association 10 (2), 2-15.

Silverman. L. K. (2002). Unside-down brilliant: the visual-spatial learner. Denver: DeLeon Publishing.

Silverman, L. K. (2018). Assessment of giftedness. In S. Pfeiffer (Ed.), Handbook of giftedness in children: Educational theory, research, and best practices (2nd ed., pp.183-207). New York: Springer Science.

Silverman, W. K., Albano, A. M. y Sandín, B. (2001). Entrevistapara el diagnóstico de los trastornos de ansiedad en niños según elDSM-IV. ADIS-IV: C. Entrevista para el niño. Madrid: Klinik.

Capitolo 6. Caratteristiche differenziatrici delle Persone Altamente Sensibili

6.1 L'Alta Sensibilità è un disturbo?

L'Associazione Americana di Psichiatria (APA), è la redattrice del testo basico di diagnosi che serve da guida ai professionisti. Il Manuale Diagnostico e Statistico dei Disturbi Mentali (DSM), definisce che "disturbo" è un modello comportamentale e psicologico associato a una angoscia presente o una disfunzione. Così come un rischio significativamente maggiore di soffrire dolore, la morte o un'importante perdita di libertà, come manifestazione di una disfunzione.

Una persona altamente sensibile può presentare angoscia (data dal sentirsi diversi). Rischio di depressione o ansia (dato dalla presenza del pensiero ruminativo). Perdita di libertà per partecipare a determinate situazioni (impossibilità di andare in luoghi affollati). Oppure, reazioni a situazioni culturalmente non accettate (necessità di tempo in solitudine). Tutte queste particolari manifestazioni comportamentali e psicologiche si potrebbero interpretare come sintomi di un disturbo. Incluso si è così interpretato quando non si conosceva l'esistenza del tratto altamente sensibile.

Poiché questi e simili comportamenti sono stati interpretati come previsto in una percentuale della popolazione, in particolare nel 15% della popolazione secondo Elaine Aron. Prendiamo in considerazione sia i vantaggi che gli svantaggi. La posizione di vedere atteggiamenti e manifestazioni del tratto PAS come un disturbo, diventa sempre più inaccettabile tra psicologi, psichiatri o consulenti scolastici. Anche tra gli stessi individui, sebbene vadano in consultazione per chiedere aiuto. Oppure, i genitori stessi, che vanno dal consulente scolastico. All'inizio, è facile pensare che ciò che è fastidioso possa essere una disfunzione. Ma in realtà sanno che si tratta di comportamenti diversi, anche se normali.

Le persone altamente sensibili che conoscono il tratto già non si vedono come pregiudicate per la presenza di alcuni sintomi. Anche se si possono sentire ferite per una risposta di disapprovazione. Questa risposta tendono a percepirla dove il tratto non è conosciuto. Distinguere il comportamente in generale dei disturbi, è una sfida nella nostra società.

Specialmente se parliamo di bambini, che sono il gruppo più indifeso a riguardo.

Quando la persona altamente sensibile si rivolge a

uno specialista in cerca di aiuto, mostrerà un comportamento estremo. Di solito si mostra allo psicologo ciò che provoca danno e quello che si incolpa all'origine del malessere. Vale a dire, la caratteristica del tratto basata sulla profondità del processamento, analizzare tutto prima di agire. Così come, analizzare alternative di futuro e le sue conseguenze e il tempo che ciò richiede.

Diciamo che tutto quello che può diventare un ostacolo al momento di poter esprimere o manifestare quello che realmente si vuole dire.

Le capacità sociali si imparano con l'esperienza. Ci sono persone che le imparano in età precoce e altre che incluso vanno dallo psicologo per impararle. Però nei PAS e BAS gli elevati livelli di eccitazione, dovuti al loro tratto innato, possono portarli a distorcere il loro vero comportamento. Comportamente che verrà mediato durante le prime interazioni con lo specialista. Sia per la paura della critica, per la vergogna culturalmente acquisita nei confronti del proprio tratto, sia per la consapevolezza dei propri difetti.

Qualsiasi persona al di fuori di un livello ottimo di eccitazione presenta un basso rendimento nel compito che sta realizzando. Incluso nella comunicazione con pari se ci riferiamo a un paziente che va dallo psicologo o un genitore che va dal consulente, a maggior ragione se parliamo di comunicazione bambino-adulto. Per esempio quando un bambino BAS va a cercare aiuto per il suo malessere emotivo, va dal suo professore, o dal consulente della sua scuola o da un genitore. Il basso rendimento al momento di esprimersi nei momenti iniziale può essere interpretato da chi ascolta come scarsa intelligenza, ansia, timidezza, evitamento, aggressività verbale, o un disturbo della personalità.

Oltre a questa confusione che può crearsi nei momenti iniziali, il grande equivoco che preoccupa i professionisti e i genitori sta nelle diagnosi sbagliate. Possiamo trovare casi di persone altamente sensibili, però diagnosticate con un disturbo. Il caso opposto, persone che presentano disturbi di personalità, che però preferiscono pensare di essere semplicemente sensibili. I disturbi con cui l'alta sensibilità può essere confusa, variano dal ritardo mentale, al deficit di attenzione con iperattività ai disturbi dello spettro autistico.

6.2. Autismo ed Alta Sensibilità

Nella pratica clinica possiamo trovare persone altamente sensibili che sono più soggette alla depressione o all'ansia. Soprattutto, se hanno avuto genitori inadatti, esattamente come succede alle persone che non sono sensibili. E, d'altra parte, ci sono persone altamente sensibili che non sviluppano nessun disturbo. In cambio, però, gliene viene diagnosticato uno. Allo stesso modo ci sono persone diagnosticate come sensibili, quando in verità presentano un disturbo.

Le diagnosi specifiche di DSM, tali come lo spettro autistico, possono dare luogo a confusione con l'alta sensibilità. Molte persone con autismo si sentono angosciate per i tanti livelli di tipi specifici di stimolazione. In cambio, possono ignorare altri tipi di linguaggio o segni dell'ambiente circostante, come i segnali sociali.

Leo Kanner (1943), descriveva il disturbo autistico come "Mancanza di contatto con le persone, chiusura e solitudine emotiva. Potremo dire che lo spettro autistico è un disturbo psicologico che si caratterizza per l'intensa concentrazione della persona nel suo mondo interiore e la progressiva perdita di contatto con la realtà esterna.

E' caratterizzata da gravi deficit dello sviluppo,

permanenti e profondi, che influenzano la socializzazione, la comunicazione, l'immaginazione e il comportamento, tra le varie cose.

Le persone con autismo presentano un'alta sensibilità dovuta alla carenza di uso dell'informazione sensoriale. Niente affatto dovuto al processamento profondo dell'informazione, così come succede alle persone definite come altamente sensibili. Gli alti livelli di stimolazione si convertono in confusione o inclusa violenza nelle persone autistiche. Attraverso le istruzioni dei loro educatori si creano abitudini e distrazioni per correggere comportamenti distruttivi. In cambio, le persone altamente sensibili possono tollerare alti livelli di stimolazione. Ogni volta utilizzano la maniera più adeguata per ridurre questa stimolazione, attraverso un apprendimento maturativo.

Una caratteristica del tratto che presentano le persone altamente sensibili è un alto livello di empatia. Anche un'eccellente abilità sociale, soprattutto in ambienti famigliari. SPesso durante la consultazione osserviamo come i più piccoli migliorano alcuni tratti del loro comportamento, comunicazione o socevolezza. Tratti che all'inizio sembravano in accordo a un disturbo. Creare un ambiente famigliare, comodo, ludico e sensibile, ci aiuta a osservare per valutare con più esattezza i sintomi iniziali. Evitando così diagnosi errate.

Terapeuti Occupazionali lavorano con bambini che presentano problemi di apprendimento o di comportamento, dovuti a una cattiva integrazione sensoriale. Si tratta di bambini che possiedono un deficit nella capacità del sistema nervoso centrale, di interpretare e organizzare l'informazione captata dai diversi organi dei sensi. Questa informazione, ricevuta dal cervello, viene analizzata e utilizzata per permettere di entrare in contatto con l'ambiente e rispondere adeguatamente. Diversamente, le persone altamente sensibili, si vedono più impattate per l'entrata di stimoli sensoriali, come luci brillanti, rumori forti, odori o tessuti ruvidi. Provengono dal processamento degli stimoli, non dal proprio organo dei sensi.

L'alta sensibilità è un tratto innato, una variazione normale del temperamento, non è un disturbo mentale. Alcune persone altamente sensibili hanno disturbi diagnosticabili, anche se la maggior parte non ce l'ha. Allo stesso modo ad alcune persone succede che non sono altamente sensibili. Queste persone possono soffrire o meno di disturbi psicologici. Le persone altamente sensibili rispondono bene ai trattamenti a fronte di un disordine dell'integrazione sensoriale, tuttavia, non eliminaranno le caratteristiche del loro tratto innato.

Migliorare la conoscenza del tratto che possiedono le persone altamente sensibili, facilita loro l'apprendimento di modi di adattarsi alla vita. Nessun trattamento eliminarà il tratto innato, che può essere un vantaggio in determinati contesti. La strategia della persona altamente sensibile deve essere basata nel potenziamento delle qualità che possiede. E nella riformulazione positiva delle sue caratteristiche, adattandole al mezzo per un ottimo sviluppo della sua personalità.

I professionisti della salute mentale trovano necessaria la divulgazione per evitare la confusione con le diagnosi. Così come, la formazione alle famiglie nel modo di risolvere conflitti, che possono insorgere durante l'infanzia di un bambino o bambina altamente sensibile.

6.3. Disturbo da Deficit dell'Attenzione e Iperattività e Alta Sensibilità

Le persone altamente sensibili, quando sono sovra stimolate possono sembrare agitate, iperattive o disattente. Al contrario, dimostrano buona attenzione e silenzio quando la stimolazione dell'ambiente è ottimale per loro. Nei bambini, mostrare sovra stimolazione può portare a pensare che soffrano del Disturbo da deficit di Attenzione e Iperattività (ADHD). Per questo ci sono tanti genitori che sottopongono i figli a prove per vedere se hanno questo disturbo. Quando in verità sono molti meno i bambini che ne soffrono.

Le persone che soffrono di Disturbo da Deficit dell'Attenzione (ADHD) hanno difficoltà in altri aspetti dell'apprendimento. Problemi con la regolazione emotiva, nel funzionamento sociale e nella condotta. Le persone che soffrono di questa carenza cronica nella capacità di prestare attenzione, possono apparire come persone a cui manca forza di volontà, la verità è che non è così. Molti genitori chiedono allo psicologo com'è possibile che il figlio/a presti attenzione a ciò che lo interessa. Essendo allo stesso tempo incapace di seguire compiti scolastici o norme che non suppongano uno stimolo motivante. Questo è esattamente il Deficit di Attenzione "uno stato di impotenza incosciente" di fronte a un compito che non è intrinsecamente motivante. Si tratta di qualcosa di molto più complesso che la mancanza di concentrazione. Non si tratta semplicemente di una distrazione eccessiva, il DDA include un insuccesso cronico nei distinti compiti accademici. Lasciare le cose per più tardi, cattiva pianificazione delle sue attività, l'evitamento di quello che implica uno sforzo mentale costante o perdere il filo di quello che succede in classe, sono alcuni esempi.

Brown (2006), professore di psichiatria all'Università di Yale, parla del ADHD come un disturbo complesso. Il quale implica il deterioramento della concentrazione, organizzazione, motivazione, modulazione emotiva, memoria e altre funzioni del sistema di controllo celebrale. Significa dire che l'attenzione dipenderà da quello che percepiamo, ricordiamo, pensiamo, facciamo e incluso sentiamo. Le persone con ADHD in alcune occasioni mostrano uno stato d'animo simile alla noia, la demotivazione, irritabilità o mancanza di controllo della frustrazione. Inoltre, tendono a sentirsi sopraffatti o stressati.

Corral (2005), indica che nel cervello dei bambini con

ADHD può esserci bassa attività nel frontale e in quello del sistema limbico, collegati con il sistema di attenzione, attraverso l'osservazione per mezzo della tomografia per emissione di positroni (PET). Allo stesso modo, si è osservato per mezzo di risonanza magnetica che dispongono di meno livelli di dopamina, neurotrasmettitore che permette la comunicazione tra diverse strutture del cervello. Per fare in modo che queste alterazioni del cervello possano aggravarsi, ci sono altri fattori, come conflitti famigliari o mancanza di abilità educativa dei genitori.

I bambini altamente sensibili possono avere sintomi simili a quelli che presentano i bambini con ADHD. In entrambi i casi possono apparire comportamenti anomali, come non essere capaci di intrattenersi con nulla, chiedere continuamente l'attenzione dei genitori, mancanza di controllo delle emozioni o difficoltà a mantenere la motivazione per alcuni compiti. Stabilire una diagnosi clinica di ADHD e una diagnosi differenziale riguardo all'Alta Sensibilità, sarà la cosa più conveniente per evitare confusione.

GONZALO 3 ANNI

Gonzalo aveva solo tre anni e mezzo quando i suoi genitori andarono a una consultazione, preoccupati per le continue lamentele che ricevevano da parte della signorina della prima classe della scuola materna. Il piccolo mostrava inquietudine in classe, non era attendo quando la maestra parlava, per lui tutto era un gioco. In casa c'erano continue discussioni, dovute agli stili genitoriali educativi che ciascuno dei genitori usava. Il padre era molto flessibile, permetteva tutto a Gonzalo, diceva che suo figlio sapeva comportarsi bene quando voleva e quando si sentiva bene. Al contrario, la madre stabiliva tutte le regole e applicava una disciplina dura, con continui rimproveri, piccole minacce e castighi. Dopo il colloquio ai genitori e l'esaminazione del bambino si osservarono caratteristiche in accordo al tratto dell'alta sensibilità. Anche se allo stesso tempo c'era molto da fare per escludere o meno la possibilità di ADHD.

Dopo una tappa iniziale di valutazione e osservazione si posero i seguenti obiettivi di intervento terapeutico: migliorare la capacità di attenzione, lavorare le abilità cognitive e di dominio per facilitare l'apprendimento (percezione, memoria, serializzazione, classificazione, etc.), così come il potenziamento delle abilità sociali con i coetanei. Allo stesso tempo si stabilirono sessioni con i genitori per stabilire linee guida educative consensuali e in accordo al tratto della personalità del figlio. Alla finalizzazione del trattamento si era ottenuto che Gonzalo rispettasse norme tanto a scuola come in casa. Aveva anche migliorato la sua autostima e si mostrava più tollerante alla frustrazione. La sua sensazione di autoefficacia nei compiti e nella relazione con i compagni, generò maggior indipendenza nel suo comportamento. Passarono i mesi e si mantennero i successi ottenuti per il bambino. I sintomi iniziali che indicavano ADHD erano completamente spariti.

Referenze

Cattell, R. B. (1973). Personality and mood by questionnaire. Jossey-Bass Publishers.

Cattell, R. B. y Meredith, G. M. (1976). Teorías psicológicas de la personalidad. Editorial Paidós.

Eysenck, H. J. (1965). Extraversion and the acquisition of eyeblink and GSR conditioned responses. Psychological Bulletin, 63(4), 258–270. https://doi.org/10.1037/h0021921

Eysenck, H. J., y Eysenck, S. G. B. (1965). The eysenck personality inventory. British Journal of Educational Studies, 14, 140–140.

Jagiellowicz, J., Aron, A., Aron, E.N. (2016). Relation between the temperament trait of sensory processing sensitivity and emotional reactivity. Social Behavior and Personality, 44 (2), 185-200.

Kanner L (1943) Autistic disturbances of affective contact. The Nervous Child 2:217–250.

Monjas Casares. M. I. (2004). ¿Mi hijo es tímido?. Editorial Pirámide.

Monjas, I., y Caballo, V. E. (2002). Psicopatología y tratamiento de la timidez en la infancia en Caballo y

Simón (Eds.), Manual de Psicología Clínica Infantil y del Adolescente (pp. 271-296). Editorial Pirámide.

Pluess, M., Assary E, Lionetti F, Lester K, Krapohl E, Aron E. y Aron, A. (2018) Environmental Sensitivity in Children: Development of the Highly Sensitive Child Scale and Identification of Sensitivity Groups . Developmental Psychology. https://doi.org/10.1037/dev0000406

Suomi, S. J. (1991). Up-tight and laid-back monkeys: Individual differences in the response to social challenges en S. Brauth, W. Hall and R. Dooling (Eds.), Plasticity of development. MIT Press. https://doi.org/10.1093/oxfordjournals.bmb.a011598

Capitolo 7. Conseguenze dell'Alta Sensibilità

7.1. Paura dell'insuccesso a causa di essere una persona altamente sensibile.

Quando durante il consulto arrivano persone che mettono le loro lamentele in tavola, non sempre è facile far vedere loro il positivo delle loro vite. Al contrario, quando si tratta di persone altamente sensibili, il compito di farle riflettere sui loro comportamente è abbastanza semplice. E' un vantaggio avere a che fare con un PAS, grazie alla capacità che hanno di osservare le sottigliezze di ogni situazione, analizzare profondamente l'informazione e la memoria, tra le altre qualità che possiedono. Ricordano molti dettagli e ricordano incluso sogni dell'infanzia.

Sappiamo che il loro sistema nervoso li porta a pensare e agire di questa forma unica e diversa. Li fa essere riflessivi, intuitivi e creativi. Così come, sentire le cose in maniera intensa ed essere capaci di predirre conseguenze. Si preoccupano di giustizia sociale e per i sentimenti degli altri. In terapia dimostrano la loro comprensione verso gli errori che hanno commesso e a volte, eliminare il sentimento di colpa è la chiave per cominciare un trattamento psicologico con un PAS. Sanno quali sono i loro errori e riconoscerli può essere un buon inizio per una terapia riuscita.

Quando il tratto interagisce con l'ambiente pregiudicando l'individuo, è il momento di chiedere aiuto o di andare a psicoterapia.

Abbiamo visto come lo sviluppo della persona altamente sensibile influisce sul tratto, ottenendo vantaggi o inconvenienti. Non è qualcosa di esclusivo nei BAS l'influenza dell'ambiente circostante, in verità, inclusi gli autori classici dimostrarono come l'ambiente influisce sul comportamento del bambino. Forse la differenza sta nell'intensità delle emozioni e nella profondità di elaborazione delle informazioni.

I BAS (bambini altamente sensibili) che vanno a psicoterapia ci dimostrano ogni giorno como rispondono intensamente di fronte a situazioni che generano loro emozioni positive. Per esempio, rispondono in maniera ottimale alle ricompense quando si lavoro lo sforzo positivo o si realizza un'"economia di gettoni".

Allo stesso modo di come sarebbe una definizione riduttiva usare il termine "propenso all'obesità" come unica caratteristica per definire le persone con dieta ricca di calorie, sarebbe molto semplice considerare l'alta sensibilità come alta vulnerabilità o propensione all'effetto negativo, visto che staremo parlando solo di casi concreti. Senza dubbio, molte persone altamente sensibili a soffrire dei citati sintomi negativi. Anche se i dati di consultazione sono significativi, è proprio di coloro che non si rivolgono alla consultazione, quelli di cui non disponiamo dati statistici.

In questo senso una difficoltà è considerata patologica quando è presente in tutti i contesti, per esempio, un bambino iperattivo lo è in casa, a scuola, in casa dei nonni e ovunque vada.

Per approcciare problemi nell'infanzia, come la timidezza, nella pratica clinica si utilizza il trattamento cognitivo-comportamentale. Il primo passo consiste nel contestualizzare la realtà di ciascun bambino BAS in questione, visto che ogni bambino è unico e ogni esperienza diversa. I BAS hanno in comune le caratteristiche del loro tratto, però differiscono nel tipo di educazione e nella variabile degli altri fattori di personalità. L'apprendimento delle abilità sociali e la modificazione del comportamento, dopo una valutazione iniziale del bambino e del suo ambiente famigliare e scolastico, saranno la base di partenza del processo per eliminare il comportamento di ritiro che sta interferendo con il benestare del minore.

Il maggior bene che abbiamo è la nostra vita, in cambio, ogni volta che ci incontriamo con più persone che sentono di non avere vita propria, si sentono manipolate da altri o vittime delle loro esperienze.

Molte persone hanno la cattiva abitudine di trattare se stesse come se fossero il loro peggior nemico, cioè elaborano un pensiero ruminativo basato sull'analisi di qualche situazione vivida e generano sentimento di colpa e malessere emotivo. Altre persone si lasciano manipolare continuamente, fino al punto di perdere la propria identità, per paura di fallire o non essere la figlia, la sorella, la compagna, l'amica ideale.

Le persone altamente sensibili devono imparare a porre limiti, dire "no" al momento opportuno e lasciarsi guidare dalla propria intuizione per riconoscere quelle persone che apportano relazioni arricchenti ed evitare quelle che pensano generino relazioni tossiche.

Qualcosa di necessario per sopravvivere in un mondo dove i PAS sono una minoranza, è ottenere la capacità di prendere decisioni senza paura anche se non sono perfette, nonostante le ripercussioni che le loro decisioni avranno sulla vita di altre persone. Allo stesso modo, è necessario tenere una buona autostima per essere felici, imparando le capacità necessarie per comunicare quello che si desidera e si sente, mettendo davanti i propri diritti cercando di non danneggiare l'altra persona.

7.2. Critica patologica quando si è altamente sensibili

Per correggere questa condotta gli psicologi impiegano trattamenti contro l'ansia anticipatoria e per risolvere le aspettative negative precedenti, che il paziente genera in forma reiterata e automatica.

L'ansia, intesa come situazione di angoscia eccessiva e sproporzionata, in situazioni quotidiane. Arrivando a produrre sentimenti di paralisi e vulnerabilità.

Durante il giorno mi capita di trovarmi in situazioni di tensioni, nervosismo o agitazione.

Spesso mi prendono sentimenti di panico, con la sensazione dell'esistenza di un pericolo imminente.

A volte noto che il cuore batte con forza e la mia respirazione è accelerata senza nessuna ragione apparente.

A volte mi trovo in una situazione di inquietudine che mi impedisce di stare a riposo senza muovermi.

Le indagini indicano che le persone altamente sensibili sono più soggette a soffrire di ansia, soprattutto quando hanno avuto infanzie difficili.

Per infanzia difficile intendiamo quelle basate su ambienti destrutturati, tanto famigliari quanto sociali.

Anche se tuttavia possono sviluppare qualche tipo di disturbo di ansia quelle persone che per il fatto di essere altamente sensibili si sentono diverse e incomprese, incluso sotto una genitorialità sana e apparentemente equilibrata. Per una persona altamente sensibile, il maggior predittore dell'ansia patologica è aver subito un trauma emotivo acuto o cumulativo, essendo il mondo interiore della persona responsabile di determinare se si tratta di un trauma o meno.

Orgilés, Espada y Méndez (2005) ci parlano dell'ansia come un'emozione propria di tutte le persone.

L'organismo tende a reagire con un'attivazione del sistema nervoso autonomo di fronte a quegli stimoli che possono rappresentare una minaccia, dotando di carattere adattivo o di sopravvivenza la persona che la manifesta. Nonostante, quando portiamo questa emozione all'estremo parliamo di disturbo dell'ansia, cioè, quando appare un'intensità elevata del sintomo ansioso, in situazioni dove non c'è motivo sufficiente per generare allarme. In questa situazione senza motivo di allarme reale, l'ansia perde il suo valore adattivo e provoca malessere nell'individuo, interferendo alle attività della vita quotidiana.

Bados (2010) ci indica che le aree più comuni della

preoccupazione che caratterizza il Disturbo di Ansia Generalizzata, di solito sono relative alla vita quotidiana, come la famiglia, gli amici, il denaro, il lavoro o la salute.

Si considera che le preoccupazioni sociali, possono incluso avere più peso che il resto delle preoccupazioni. In generale non c'è differenza nel contenuto delle preoccupazioni di persone con disturbo di ansia o senza, però le prime si preoccupano più per temi di minor importanza.

Pertanto, negli adulti, possiamo osservare che manifestano il disturbo di ansia quando presentano preoccupazione per cose difficilmente accadranno, o anche, che se accadono non sono tanto tragiche come loro le percepiscono. Nel soggetto che ne soffre si produce una catena di pensieri negativi e costanti, che sono praticamente incontrollabili e sono orientati verso un futuro pericolo. I PAS possono avere più predisposizione a soffrire di ansia come disturbo, dovuto a un'orientazione cognitiva che tende a girare attorno nella testa in qualunque situazione nuova o minacciosa. Quando l'ansia passa ad essere qualcosa di naturale sopravvivenza all'essere un disturbo, l'individuo diventa incapace di trovare soluzioni per molti giri che possa farsi nella testa, e incapace di prendere decisioni, generando tendenza a preoccuparsi per gli errori e gli insuccessi di forma persistente.

Le reazioni dei bambini ai sintomi di ansia sono significativamente diversi a quegli negli adulti, provocando conseguenze negative che possono interferire nella sua crescita e maturazione. Determinati successi possono provocare che si scateni l'ansia nei bambini, dalla nascita di un fratello, all'iniziare la scuola a un cambio di casa. Alcuni dei problemi di ansia infantile che di solito li portano più a ricorrere a consulte psicologiche o psichiatriche, dovute alla loro importanza e /o gravità, sono l'ansia generalizzata, l'ansia da separazione, il disturbo da panico, il disturbo da stress post traumatico e il disturbo ossessivo compulsivo.

Il disturbo da ansia generalizzata si caratterizza dalla persistenza di preoccupazioni frequenti che l'individuo associa a qualcosa di negativo che pensa che succederà, normalmente le associa a qualcosa di traumatico che ha vissuto. Per le persone altamente sensibili è più facile che un evento si converta in traumatico dovuto alla sua facilità di portare all'estremo le emozioni in forma automatica, tenendo da conto che il suo tratto innato gli fa sentire intensamente le emozioni tanto positive quanto negative.

Nei bambini, inoltre, può influire la genitorialità, visto che uno stile iper protettivo o esigente dei genitori può provocare un attaccamento insicuro, caricandoli di aspettative sbagliate in quanto la loro efficacia per affrontare gli eventi negativi e impedendo loro che sviluppino le abilità necessarie per risolvere situazioni problematiche. I BAS, avendo un aumento dell'attenzione dovuto alla profondità dell'elaborazione cognitiva, possono generare un bias attentivo o ipervigilanza di fronte a stimoli che considerano minacciosi, generando preoccupazioni eccessive che possono impedire loro di concentrarsi su altri compiti.

Per esempio, interpretare come negativo lo sguardo di una professoressa può originare nel bambino BAS alti livelli di ansia e preoccupazione che lo porta a pensare che fatto qualcosa di sbagliato, dovuto al fatto che il bambino analizza la profondità delle conseguenze della situazione. In questo caso per ridurre l'ansia, il bambino cerca strategie come, rimanere in allerta costante verso il comportamento della professoressa o ad evitare di andare a scuola, ottenendo così di alleviare il suo malessere per breve tempo, però contribuendo a sviluppare un disturbo di ansia e provocando ulteriori problemi.

In una società come la nostra, in cui tanto gli adulti quanto i bambini vivono immersi in continui cambi, nuovi progetti e numerose attività, a volte è difficile distinguere se stiamo sentendo l'ansia naturale di sopravvivenza, o se siamo all'inizio di un disturbo di ansia, soprattutto per le persone più inclini a soffrirne, come possono essere tra gli altri, i PAS e i NAS.

Riguardo al trattamento per il disturbo di ansia, si deve basare principalmente su due aree, migliorare la tensione, attraverso l'allenamento al rilassamento, così come a combattere le preoccupazioni frequenti, per cui lo psicologo userà tecniche di ristrutturazione cognitiva, auto istruzioni ed esposizione graduale. Alcuni specialisti optano per terapie non direttive, basate sull'aiutare il paziente a chiarire i suoi sentimenti, conoscersi meglio ed essere capaci di scoprire da soli cosa potrebbero fare per cambiare quello che sentono e che sta generando malessere.

7.3. Depressione vs Alta Sensibilità

La depressione, intesa come sentimento di tristezza costante che genera rassegnazione, irritabilità e malessere nella gestione personale quotidiana, influenzando il nostro modo di sentire e il nostro modo di pensare.

- A volte mi prendono sentimenti interiori di tristezza

- Alla fine della giornata ho più pensieri negativi che positivi

- Ho a malapena interesse nell'intrattenere relazioni sessuali

- A volte ho pensato di togliermi la vita

- A volte mi ritrovo a piangere per motivi senza importanza

- Nella quotidianità mi sento come una persona in trappola

- Mi sento una persona sola

- Qualsiasi compito per piccolo che sia, mi costa molto sforzo per completarlo

Le persone altamente sensibili hanno la capacità di sentire tutto quello che è nei loro paraggi in forma più intensa che per il resto della popolazione, però sentono tutto, tanto il positivo quanto il negativo. Percepiscono e processano gli stimoli con grande intensità, per tanto, assorbono gli stimoli positivi e negativi, ripercuotendosi sulla salute in diversi modi, a seconda del risultato di aver vissuto un'esperienza o l'altra. Gli stimoli positivi generano nella persona emozioni positive, come allegria, tranquillità o felicità. In cambio, gli stimoli negativi possono arrivare a generare depressione nella persona altamente sensibile. La percezione degli stimoli è qualcosa di molto soggettivo, la stessa situazione o lo stesso grado di stress può causare malattia o no a seconda di come la percepisce l'individuo in questione e come la processa nella sua mente.

Percepire emozioni negative di altre persone, come rabbia, ira, frustrazione o paure, possono affaticare la sensibilità della persona PAS, arrivando incluso a causarle malattie come la depressione. In alcune occasioni, questa negatività dell'altra persona è nascosta, non si vede a occhio nudo, semplicemente si manifesta attraverso comportamenti frettolosi e basati su grida, parolacce o indifferenza. Le persone altamente sensibili hanno bisogno di allontanarsi da persone tossiche che le possono portare alla depressione.

In altre occasioni, ciò che può generare depressione,

sono esattamente i propri schemi cognitivi, che la persona altamente sensibile stabilisce nella sua mente per comprendere il mondo. Solitamente è dovuto all'importazione di concetti erronei o distorsioni cognitive. Per esempio, il fatto di essere soggetti a costanti stimoli ambientali fastidiosi per la persona in questione, come, luci, rumori, code, etc. possono essere elementi per scatenare un disturbo che era latente. Molte persone PAS hanno già imparato ad evitare di andare a grandi centri commerciali in giorni natalizi o di saldi, evitare il traffico in ora di punta e selezionare bene i luoghi dove passare il proprio tempo di svago, evitando così una sovra stimolazione che portata all'estremo può portare a rassegnazione, e incluso alla depressione.

Secondo il Manuale diagnostico e statistico dei disturbi mentali, la depressione consiste in un disturbo dello stato d'animo, che si caratterizza per la presenza di molti dei seguenti fattori: tristezza, irritabilità, anedonia o mancanza di soddisfazione, deterioramento nelle relazioni con altre persone, apatia o svogliatezza, rallentamento psicomotorio, alterazioni memoria o nell'attenzione, mancanza di concentrazione, e incluso pensieri di morte o suicidio nei casi più gravi.

Inoltre, la depressione si può manifestare insieme ad altre alterazioni psico-fisiologiche, come, alterazioni del sogno, fatica, perdita di appetito, inappetenza sessuale e fastidi corporei diffusi. Secondo Vallejo (2010), la depressione si concettualizza in funzione del grado di soddisfazione ed insoddisfazione della persona con riguardo alle proprie attività e piani. Se il bilancio è positivo, la persona si sente bene emotivamente. Se al contrario predomina l'insoddisfazione, può portare a una riduzione di attività, bassa autostima o cambi negativi tanto emotivi come fisiologici. Sicuramente, è la percezione di ciascuna persone che determina se la qualità di uno stimolo è positiva o meno.

Anche se la parola depressione si usa colloquialmente per descrivere qualcuno che è triste o svogliato, quando si tratta di qualcosa di preciso o una condotta isolata o momentanea che passa al proseguimento della giornata, non sarebbe un disturbo depressivo. Secondo Garcia-Vera y Sanzi (2005), i fattori che ci indicano se stiamo parlando di uno scoraggiamento passeggero o, di un disturbo depressivo sono: la frequenza, la durata e l'intensità dei sintomi, così come, le situazioni in cui la persona manifesta suddetti sintomi. Per esempio, una persona depressa piange in situazioni triste allo stesso modo in cui lo può fare una persona non depressa, però quello che caratterizza una persona con disturbo depressivo, è piangere in situazioni neutre o incluso, allegre, rafforzando il comportamento disadattivo che abbiamo chiamato sintomo.

Un altro modo di rinforzare i comportamenti della persona depressa, va a dipendere dal ruolo che occupino le persone in questione. Quando il contesto sociale mantiene una convinzione basata sul fatto che la depressione è una malattia e quindi il malato va protetto, o mantenuto a riposo, si sta contribuendo al mantenimento dei sintomi depressivi osservabili, come, fare meno cose, piangere o mangiare meno. Oltre ai sintomi osservabili, la persona con depressione soffre condizioni o elementi mentali non osservabili, che si possono manifestare solo con la comunicazione verbale, sia essa orale, scritta o grafica. Quindi, è fondamentale che se sospettiamo di avere vicino una persona che presenta sintomi depressivi, la incoraggiamo a cercare aiuto professionale, psichiatri e psicologi saranno le persone adeguate per trattarli.

La teoria cognitiva di Beck, 1983, basa il modello cognitivo della depressione costituita in tre concetti: la triade cognitiva, gli schemi e gli errori cognitivi. La triade cognitiva fa riferimento a tre modelli, la visione negativa che la persona costruisce di se stessa, la sua tendenza a interpretare le sue esperienze di forma e la visione negativa del futuro. Gli schemi sono modelli stabili nella forma di interpretare le situazioni, che possono attivarsi in qualunque modello e che nei pazienti depressi si mostrano inadeguati e lontani dal loro controllo volontario.

Riguardo agli errori cognitivi, nella depressione si tratta di un pensiero primitivo, globale, assoluto, invariabile ed irreversibile, che fa riferimento alla persona e non al comportamento.

Per trattare questa rigidità di pensiero che si presenta nelle persone con depressione, molti psicologi si affidano alla terapia cognitiva della depressione di Beck, che si definisce come procedimento attivo, diretto, strutturato e a tempo limitato. La relazione terapeutica si deve basare sulla fiducia, il rapporto (Sintonia psicologica ed emotiva tra due persone) e la collaborazione paziente-terapeuta. E' importante ottenere la modificazione dei pensieri del paziente in forma didattica, però permettendo e incoraggiando a che lo scopra da solo. Gli obiettivi generali da stabilire sono l'eliminazione dei sintomi depressivi e la prevenzione a ricadute.

Quando la persona che soffre di depressione è altamente sensibile, lo psicologo deve essere dovutamente informato e formato sulle caratteristiche del tratto PAS, così da potersi mettersi in linea con il paziente e stabilire un'adeguata relazione terapeutica. In primo luogo, è importante che il paziente prenda coscienza del suo tratto se ancora non lo è, facilitare l'informazione esistente sulle persone altamente sensibili e mostrare il lato positivo e vantaggi dell'essere PAS. Nella maggioranza dei casi, i pazienti cominciano accusando il loro tratto di essere responsabile della loro depressione, il quale rende il lavoro del trattamento più difficile nelle fasi iniziali. Una volta che il paziente ha assunto il suo ruolo di paziente PAS, cioè, sa che una persona altamente sensibile è qualcuno che nasce con alcune caratteristiche determinate, non necessariamente negative, e inoltre è cosciente dei suoi sintomi depressivi, allora la terapia continuerà in maniera ottimale.

ARIADNA 54 ANNI

Ariadna aveva sempre vissuto devota alla famiglia, maggiore di 9 fratelli, si ritrovò senza padre a 12 anni e dovette assumere la figura del padre e della madre, mentre sua madre usciva di casa per lavorare giornate interminabili.

Quando mise su la sua famiglia, ebbe un figlio e si dedicò a lui e al suo compagno anima e corpo. Si sentì sempre incompresa e diversa, però andava avanti lottando per sopravvivere in un mondo che si faceva di volta in volta più ostile. Dopo il divorzio, si allontanò tanto dal figlio, che pensava che questo fosse il peggio che le fosse capitato nella vita. Sentiva paura di fallire come madre, dopo aver fallito come moglie.

Tanto suo figlio come il suo compagno l'avevano trattata in modo da causarle un continuo senso di colpa, la accusavano di essere la causa delle loro sofferenze, inoltre erano diventati degli autentici controllori compulsivi, criticando qualsiasi cosa facesse Ariadna.

Come molti altri casi simili, Ariadna era stata vittima dei risultati comuni del convivere con persone ossessivo compulsive. Persone che danno sempre la loro opinione, anche se non richiesta, usano commenti suggerendo quello che l'altra persona dovrebbe fare e impegnandosi ad evidenziare quello che l'altro fa male. Queste persone generano nei PAS, depressione, stanchezza e le fanno sentire intrappolate nei loro attacchi verbali, visto che prendono sul serio i giudizi ricevuti e le ingiustizie.

Ariadna si ammalò di cancro, e con sua sorpresa, nessuna delle persone a cui aveva dedicato tutta la vita vennero a offrirle aiuto. Cercò informazioni sulla depressione e l'autostima e arrivò a scoprire qualcosa di nuovo, l'esistenza dell'Alta Sensibilità. Trovò la luce di cui aveva bisogno per andare avanti da sola, visto che capì che si sentiva diversa dalla maggior parte dei suoi famigliari e imparò a circondarsi di persone che le provocavano pace e tranquillità. Nella realtà, Ariadna pensa che grazie al cancro "si levò il velo dagli occhi" e si rese conto che non aveva bisogno niente dalle persone che le causavano tanto dolore e per cui doveva lottare lei stessa. Pensando sempre sempre agli altri, non aveva mai pensato che lei fosse il più importante nella sua vita. Adesso vive felice e ha molti amici, vive senza paura di fallire, anche se non si dimentica che la depressione è poco in confronto al "pozzo" in cui era caduta.

Referenze

Bados, A. (2008). Terapia cognitiva de Beck. En F.J. Labrador (Coor.), Técnicas de modificación de conducta. (pp. 517-533). Madrid: Pirámide.

Curran, J. P. (1985). Social skills therapy: a model and a treatment. En R. M. Turner; L. M. Ascher (Eds.), Evaluating behaviour therapy outcome, 122-123. Nueva York: Springer.

Eysenck, H. J. (1953). The structure of human personality. Methuen.

Maslow, A. H. (1943). Preface to motivation theory. Psychosomatic Medicine, 5, 85–92. https://doi.org/10.1097/00006842-194301000-00012

Monjas, I., y Caballo, V. E. (2002). Psicopatología y tratamiento de la timidez en la infancia en Caballo y Simón (Eds.), Manual de Psicología Clínica Infantil y del Adolescente (pp. 271-296). Editorial Pirámide.

Mustaca Alba, E.. (2006). Reseña de "Terapia psicológica con niños y adolescentes. Estudio de casos clínicos" de Méndez Carrillo, F. X.. Espada Sánchez, J. P. y Orgilés Amorós, M. (Coords.). Interdisciplinaria, 23(2).

Opazo, R., Andreani, M. A., y Alliende, F. (1983). La terapia cognitiva de Beck en la depresión y sus relaciones con la teoría de la autoeficacia de Bandura [Beck's cognitive therapy for depression and its relationships with Bandura's self-efficacy theory]. Terapia Psicológica, 2(2), 22–55.,

Orgilés, M., Espada, J.P., García-Fernández, J.M., Méndez,F.X., y Hidalgo, M.D. (2011). Most feared situationsrelated to separation anxiety and characteristics by ageand gender in late childhood. Anales de Psicología,27, 80-85.

Sanz, J., García Vera, M., Espinosa, R., Fortún, M., y Vázquez Valverde, C. (2005). Adaptación española del Inventario para la Depresión de Beck-II (BDI-II): 3. Propiedades psicométricas en pacientes con trastornos psicológicos. Clínica y salud, 16(2), 121–142.

Vallejo, A., y Zuleta, K. (2019). Depresión, Ansiedad y Actividad Física en Escolares: Estudio Comparado

Capitolo 8. Pazienti altamente sensibili

I PAS cercano aiuto professionale quando sentono di avere ferite nell'anima. Si sentono diverse, però sanno che possono aggiustare quel dolore che impedisce loro di seguire il loro cammino. Gli psicologi sanno che prendersi cura di questa richiesta per tempo impedisce di portare il paziente a sviluppare un disturbo. Allo stesso tempo, nei minori appaiono segni che indicano la necessità di aiuto.

D'altra parte, possedere il tratto dell'alta sensibilità può condurre a una strategia positiva nello sviluppo dell'individuo, dipendendo in gran parte dallo stile della genitorialità in cui il bambino è immerso. Gli stili educativi genitoriali, la conoscenza del tratto e l'interazione sociale, possono arrivare ad essere determinanti per evitare un disturbo, o per affrontare a correggere in tempo una difficoltà.

8.1. Cosa preoccupa i professionisti specializzati in Alta Sensibilità.

Sappiamo che le etichette possono condizionare negativamente lo sviluppo del minore. Anche se sappiamo che dare un nome a un determinato profilo può aiutare a fornire una soluzione alle difficoltà presenti e a quelle potrebbero sorgere in futuro.

Gli specialisti si preoccupano del miglior sviluppo sociale, emotivo e intellettuale del bambino. Per quello, sono i professionisti i più indicati, con il consenso della famiglia, a decidere quando è necessario rivolgersi alla temuta, o desiderata, diagnosi.

Un lavoro fondamentale dei professionisti è esattamente, quello di proteggere le famiglie e i bambini con diagnosi sbagliata e diagnosi fatte da personale non qualificato. I professionisti dell'Alta Sensibilità si preoccupano di dare conoscenza e divulgare l'esistenza dei BAS, prendendo dal carattere più scientifico di questo tratto.

Cercano di proteggere gli utenti dall'intrusione professionale che può essere correlata all'alta sensibilità, oltre a evitare il rumore informativo che esiste sul BAS. Un altro importante fattore su cui lavorano i professionisti dell'Alta Sensibilità è quello di diffondere i bisogni che il BAS richiede e di rendere consapevole la comunità educativa e sanitaria dell'esistenza di questo tratto.

8.2. Perchè essere BAS viene confuso con altri disturbi

Alcuni dei comportamenti che caratterizzano il BAS, possono essere confusi con sintomi appartenenti a determinati disturbi psicologici infantili. Per esempio, un BAS può distrarsi quando il suo professore spiega la lezione, perchè è assorto nel suo pensiero creativo. Se questo comportamento di distrazione si ripete nel tempo e in situazioni diverse, si può confondere con il sintomo più caratteristico del disturbo di deficit dell'attenzione. Sì, inoltre, si tratta di un bambino che si trova in una tappa infantile, in cui i bambini possono essere inquieti di natura, si può pensare che siamo di fronte a un Disturbo di deficit dell'attenzione e iperattività.

Si possono anche presentare comportamenti che si possono confondere con sintomi del Disturbo Autistico, come i capricci che mostrano i BAS al sentirsi incompresi o anche, di fronte all'incertezza possono aver bisogno di più tempo di reazione per rispettare o compiere regole. Possono anche irritarsi portando a comportamenti scorretti, a causa di un'eccessiva stimolazione, scambiando il loro disagio emotivo per un Disturbo della Condotta.

Il bisogno che sente il BAS di avere i suoi momenti

di riposo in solitudine dopo situazioni che suppongono un eccesso di stimolazione, può essere confuso con un Disturbo di condotta antisociale. Quando sono bebè i cui genitori non hanno captato la loro estrema sensibilità, i BAS possono dimostrare le loro lamentele, per esempio, a fronte di tessuti o altri stimoli dell'ambiente . In questi casi, l'errore può essere con riguardo a un possibile disturbo mentale.

Riguardo al processamento dell'informazione, i BAS possono confondersi con gli alunni con elevate capacità, dovuto al vantaggio di elaborare le informazioni e la sensibilità agli stimoli ambientali più sottili.

D'altra parte, non dobbiamo confondere i bambini con alta sensibilità, con i bambini con problemi di integrazione sensoriale. Quello che viene chiamato Disturbo di integrazione sensoriale appare come parte di un quadro medico più ampio, presente in difficoltà generali dello sviluppo per la cui stimolazione di solito si ricorre al terapeuta occupazionale.

8.3. Quando essere BAS diventa un problema

Il modo di agire nel cervello BAS con la tendenza a processare tutto con grande attenzione, tende ad essere persistente. E nel tentativo di fare qualcosa alla perfezione possono arrivare a sentirsi frustrati se non ce la fanno. Anche il sovraeccitamento, quando qualcosa non va bene, può lasciarli con una sensazione di insuccesso e il desiderio di abbandonare il compito in questione.

Quando genitori e bambini BAS non conoscono l'origine della loro sensibilità cutanea, del loro senso della vista o dell'udito, possono causare disagio. Il disagio dovuto ai tessuti, la saturazione da rumore e da luci brillanti ed eccitanti, sono solitamente inconvenienti tipici nello sviluppo dei BAS.

D'altra parte, anche se nessuno stato d'animo predomina nei BAS, le loro esperienze vitali possono influenzare le loro emozioni in maniera più determinante che per il resto dei bambini.

8.4. Quando essere BAS diventa un vantaggio

Sono numerosi i vantaggi che possiede un bambino/a altamente sensibile da quando nasce. E' gratificante vedere come seguono tutto con lo sguardo, fanno attenzione a qualsiasi suono o percepiscono i tessuti dei loro vestiti.

Quando crescono dimostrano di accorgersi di tutto, grazie a questo si espongono a meno pericoli e pensano con attenzione alle conseguenze delle loro azioni. Sviluppano anche grande empatia, che favorisce la loro interazione sociale. Si preoccupano per ingiustizie altrui, diventando grandi amici dei loro amici.

I BAS tendono ad essere intuitivi, riflessivi e creativi, dovuto alla loro forma di processare le informazioni. Qualità che se ben potenziate saranno fattori che favoriscono il bambino nel suo sviluppo come persona. La sensibilità di fronte alle sottigliezze dell'ambiente circostante può arrivare a diventare un vantaggio per alcuni bambini BAS. Grazie a questa capacità alcuni si evolvono diventando sportivi o grandi musicisti.

8.5. Cosa posso fare come insegnante di un BAS?

I maestri e i professori sono persone fondamentali per qualunque minore e possono arrivare ad essere realmente significativi nella vita di un BAS. Entrambe le parti collaborano bene se anche l'insegnante è una persona altamente sensibile (PAS), o anche, se è una persona creativa ed empatica.

Nonostante, i minori abbiano numerosi maestri e professori durante la loro scolarizzazione, e l'adattamento deve essere mutuo. Da qui l'importanza di mantenersi informati su come si comportano i BAS, per ottenere il miglior funzionamento della classe. Sappiamo che il lavoro di insegnante è un compito arduo. I maestri realizzano il loro lavoro con gruppi di minori diversi, ciascuno con il loro temperamento ed educazione specifica. Sapere come si sente un BAS e come può arrivare a comportarsi, faciliterà il difficile compito con cui si confrontano ogni giorno in classe.

Secondo gli studi realizzati fino ad oggi in altri paesi, un 15% della popolazione è Altamente Sensibile. I dati clinici e raccolti nel nostro paese attraverso l'Associazione Spagnola di Psicologi e Professionisti dell'Alta Sensibilità

(PAS España), abbiamo una percentuale tra l'8% e il 10% circa di BAS. Pertanto, in ogni centro educativo ci troveremo con questa percentuale di studenti BAS. Nonostante, questi dati siano del tutto orientativi, poiché i questionari che forniscono rigore per una valutazione e classificazione più accurata sono attualmente in fase di validazione.

I professori possono identificare un BAS in classe e adottare misure di attenzione insieme al consulente, se necessario. Queste misure dovranno essere personalizzate, visto che ogni BAS ha la sua particolare maniera di comportarsi nelle area di espressione del suo tratto. IN generale gli educatori potranno mettere in pratica le seguenti linee guida:

-        Tenere da conto che essere maestri creativi in classe li aiuterà

-        Scomporre i compiti, per evitare saturazione

-        Avvisare gli studenti dei cambi nella routine e incluso, con i più piccoli, avvisarli del passaggio tra un compito e l'altro

-        Non correggere in maniera dura, visto che una correzione dolce sarà sufficiente con un BAS

-        Spiegare le conseguenze del formare parte di

un gruppo, visto che i BAS si indignano di fronte a ciò che chiamano ingiustizie sociali

- Aiutarli a fare amici. I BAS sono bravi a fare amici uno alla volta. Possono essere a livello sociale se all'inizio dell'anno si siedono con alcuni compagni affini o che già conoscono

- Dar loro tempo affinché risolvano i loro problemi sociali, aiutandoli prima che arrivino alla frustrazione

- Tenere da conto che il BAS si adatta meglio in un ambiente di classe tranquillo, pochi rumori e senza troppo caldo. Se il professore nota il BAS ansioso, può essere dovuto a uno di questi fattori fisici.

- Che si abituino a parlare in pubblico da piccoli, sempre rispettando il loro ritmo, sarà di beneficio in tappe più avanzate. La progressione può andare dal minore al maggiore, cominciando con la partecipazione volontaria o con esposizioni di coppia

- Ottenere che il BAS si senta sicuro, evitando così che insorgano problemi, sarà facile ottenendo lo stesso livello di stimolazione e protezione. Provare a fare in modo che ogni passo sia un successo per i BAS.

8.6. Quando devo cercare aiuto per mio figlio BAS.

Di fronte ai bisogni dei più piccoli sentiamo sempre un'enorme responsabilità. L'importanza della genitorialità del BAS, stabilisce la necessità di evitare depressione e ansia all'arrivo della tappa adulta. Altri rischi per la salute non tenendo da conto l'alta sensibilità, sono collegati con la mancanza di capacità di gestire le proprie emozioni, così come il deficit di abilità sociali nelle aree di isolamento.

Tanto l'educazione come la salute hanno ruoli importanti nello sviluppo del BAS. Quando va tutto bene e il minore si rilassa in maniera ottimale, cioè, non insorgono problemi derivati dal suo tratto, non è necessario rivolgersi ad aiuto professionale. Questa è la differenza con qualsiasi disturbo psicologico. Come i disturbi generalizzati dello sviluppo, per i quali un'attenzione precoce permette di migliorare le opportunità dello sviluppo fisico, intellettuale e sociale del bebè o del minore. D'altro canto, i BAS richiedono la stessa stimolazione in età precoce, di qualsiasi altro bambino che non soffra di nessuna patologia.

I problemi nei BAS non insorgono per il semplice fatto di nascere con il loro tratto caratteristico. Le difficoltà quando appaiono, lo fanno a radice della loro interazione con l'ambiente. Sappiamo che una buona genitorialità, curando i bisogni che possono sorgere, educativi, emotivi o sociali, sarà sufficiente per lo sviluppo evolutivo ottimale del BAS. Se inoltre si stimola la loro creatività o la loro sensibilità orientata in ciascuno dei sensi che mostri il BAS, crescendo dimostrerà maggio capacità che la media nell'area evidenziata in questione. Cioè, i BAS possiedono un grande potenziale, che se ben gestito, darà i suoi frutti.

Per riassumere, bisogna dire che i BAS non nascono con una difficoltà, piuttosto nascono con un potenziale che può essere stimolato. I problemi possono sorgere a fronte di una genitorialità piena di difficoltà. Sarà necessario cercare aiuto professionale quando ci sono dubbi durante la crescita e il BAS richieda una necessità speciale. Sarà quindi il momento di rivolgersi al consulente scolastico, al pediatra o allo psicologo infantile.

8.7. Che posso fare come padre/madre di un BAS.

I padri e le madri di bambini altamente sensibili possono percepire di trovarsi di fronte a una sfida da quando sono molto piccoli. Incluso da quando il bebè ha pochi giorni può arrivare a mostrare segni che indicano la sua alta sensibilità.

Quando crescono i segnali vanno incrementandosi. Alcuni BAS aumentano il loro attaccamento a uno dei genitori, o necessitano di più affetto da tutti. Altri hanno bisogno di più tempo di gioco, o anche di più tempo per rilassarsi.

Le linee guida devono seguire i padri/madri nella relazione con crescita del figlio BAS variano in funzione con l'età del minore. Allo stesso modo, possono influire altri fattori, come ad esempio se anche i genitori si identificano con il tratto dell'alta sensibilità. Bisogna anche stare attenti all'insorgere di sintomi psicologici derivati dal tratto e dalla loro interazione con l'ambiente.

Soprattutto, ricordiamoci che non si tratta di un disturbo da trattare, piuttosto di un tratto della personalità di cui prendersi cura per ovviare a necessità latenti. Alcune linee guida che possono in generale seguire i genitori di

BAS sono le seguenti:

- Osservare il comportamento dei genitori verso il loro figlio BAS, per cambiare strategie di azione che non stanno funzionando

- Parlare del problema che genera sentire in questo modo intenso, con l'obiettivo di orientali in modo da gestire emozioni e sentimenti

- Arrivare a proteggere senza iper proteggere, osservare da distanza per essere attenti ai loro bisogni e il possibile insorgere di sintomi di malessere

- Mostrare naturalezza di fronte al tratto altamente sensibile, a favore di non farlo sentire diverso nè peggiore di altri

- Mostrare fiducia e spontaneità di fronte alla loro forma di comportarsi, mai compassione

- Essere fermi nella maniera di educare, stabilire regole e limiti, senza permettere che utilizzino la loro vulnerabilità per ottenere benefici

- Avere molta pazienza, a volte è meglio un percorso più lungo per ottenere un obiettivo

- Allenarli a non sviluppare senso di colpa verso qualsiasi cosa accada

- Evitare che adottino responsabilità che non

siano legati al loro ruolo

-        Permettere loro di esprimere le emozioni, anche quelle negative come la tristezza, la paura o la rabbia

-        Fare caso se appaiono alcuni sintomi frutto di qualche problema psicologico emotivo

A fronte di una genitorialità poco favorevole per il BAS, si potrà propiziare bassa autostima del minore. Tutti i comportamenti dei genitori devono essere orientati a migliorare uno sviluppo positivo della percezione che ha di se stesso il bambino BAS. E' anche importante non dimenticarsi che ogni BAS è unico. Gli studi dimostrano differenti livelli di sensibilità tra persone, allo stesso modo, ci sono differenze tra l'educazione ricevuta e le proprie esperienze scolastiche, sociali e familiari.

Quanto prima si individua che un figlio è BAS, prima si può iniziare a migliorarne l'ambiente. E' fondamentale evitare l'insorgere del malessere emotivo derivato dal tratto. Così come, fomentare un ambiente salutare dove si promuove una buona autostima e si evita l'ansia.

8.8. Cosa dicono le statistiche sui BAS, riguardo la cultura, il genere e la genetica

Gli studi realizzati a famiglie di BAS confermano l'ipotesi di una possibile trasmissione genetica da genitori a figli, quindi, si parla di un tratto ereditario. Anche se rimane molto lavoro di investigazione da fare a riguardo.

In quanto al genere, non esistono differenze significative tra le percentuali di bambini con il tratto dell'alta sensibilità. Non c'è relazione tra essere bambina o bambino BAS, a parte la forma di esteriorizzare le emozioni, nello stesso modo in cui possono esserci in un minore che non sia altamente sensibile.

Come conclusione manca dire, che, per le sue caratteristiche, i BAS possono arrivare a sentirsi più sicuri e a loro agio immersi nella cultura orientale che in quella occidentale. Tradizionalmente, la cultura orientale si basa sulla felicità e nella comprensione del mondo interiore, in contrapposizione al concetto occidentale che basa la felicità sull'apparenza, l'ego e il consumismo. Allo stesso modo, l'espressione dei sentimenti è visibile nella cultura orientale, che evita di alterare la natura delle cose. Di fronte alle difficoltà, la cultura orientale preferisce evitarle piuttosto che risolverle, poiché ritiene che i problemi alterino il proprio equilibrio.

I diversi stili di vita secondo la cultura, fanno si che i BAS di paesi orientali si sentano più realizzati e diventino grandi leader. Anche nella nostra cultura possiamo sentirci orgogliosi di vedere come la sensibilità stia cambiando e stia smettendo di essere vista come un difetto o come qualcosa di unicamente femminile. Ogni giorno ci sono dimostrazioni su come la sensibilità si stia vivendo e percependo come una forza di enorme utilità, tanto per il personale, le relazioni sociali, quanto per l'ambito lavorativo. Se abbiamo fiducia che questo cambio sia in crescita, potremo vedere come i BAS di adesso diventeranno PAS di successo nel futuro.

Referenze

Aron, E. N. y A. Aron. (1997). Sensory-processing sensitivity and its relation to introversion and emotionality. J. Pers. Soc. Psychol. 73: 345– 368.

Gerstenberg ,F.X.R. (2012). Sensory-processing sensitivity predicts performance on a visual search task followed by an increase in perceived stress, Personality and Individual Differences, Volume 53, Issue 4, 2012, Pages 496-500. https://doi.org/10.1016/j.paid.2012.04.019.

Gross, J. J., y John, O.P. (2003). Individual differences in two emotion regulation processes: implications for affect, relationships, and well-being. J. Pers. Soc. Psychol. 85: 348– 32.

Hofmann, S. G., y Bitran, S. (2007). Sensory-processing sensitivity in social anxiety disorder: relationship to harm avoidance and diagnostic subtypes. J. Anxiety Disord. 21: 944– 954.

Jagiellowicz, J., Aron, A. y Aron, E.N. (2016). Relation between the temperament trait of sensory processing sensitivity and emotional reactivity. Soc. Behav. Pers., 44 (2) (2016), pp. 185-200

Jagiellowicz, J., Zarinafsar, S., y Acevedo, B.P. (2020). Health and social outcomes in highly sensitive persons.

Meyer, B., M. Ajchenbrenner, y Bowles, D.P. (2005). Sensory sensitivity, attachment experiences, and rejection responses among adults with borderline and avoidant features. J. Pers. Disord. 19: 641– 658.

Pluess, M., y Belsky, J. (2013). Vantage sensitivity: individual differences in response to positive experiences. Psychol. Bull. 139: 901– 916.

Suomi, S.J. (1997). Early determinants of behaviour: evidence from primate studies. British Medical Bulletin, 53(1),170–184.

Wolf, M., Van Doorn, S., y Weissing, F.J. (2008). Evolutionary emergence of responsive and unresponsive personalities. PNAS 105: 15825– 15830.

Capitolo 9. Problemi derivati dall'Alta Sensibilità

9.1. Come comportarsi nelle relazioni sociali se si è PAS.

Esattamente come abbiamo spiegato in altri capitoli, molte persone altamente sensibili non presentano problemi che debbano essere trattati con un consulto psicologico o psichiatrico, visto che si adattano perfettamente al loro ambiente e passano inosservati.

Possono prendere con naturalezza molte coincidenze che possiedono dovute a questo tratto. Quando si ottiene un buon adattamento all'ambiente, il PAS non ha bisogno di andare da uno specialista di salute mentale, almeno, per il fatto di essere PAS. Tuttavia, molti di loro riscontrano un grande handicap al momento di convivere con la propria coppia o con i loro figli, o semplicemente di fronte a qualsiasi interazione sociale.

Quando le difficoltà non ricade sul PAS per il fatto di esserlo, ma il problema è degli altri. In questi casi la soluzione sta nel cercare informazione sui tipi di personalità che esistono e imparare a usare il ruolo adeguato.

Secondo i grandi gruppi di disturbi della personalità che sono raccolti nei manuali di psicologia e psichiatria

(Gruppi A, B e C), andremo a definirli e in seguito verrà esposto come comportarsi di fronte ad essi se si è PAS.

GRUPPO A

Disturbo della personalità paranoica: sono individui che non si fidano degli altri, dubitano della fedeltà e lealtà degli altri, sono reticenti a dare fiducia e possono arrivare a pensare che l'informazione che danno possa essere utilizzata contro di loro, intravedono minacce nascoste, conservano rancore, percepiscono attacchi verso la loro persona o la loro reputazione, sospetti ingiustificati di infedeltà della loro coppia. I bambini passano per una fase di paura verso gli estranei.

Disturbo della personalità schizofrenico: queste persone non desiderano né si godono le relazioni personali, nè vogliono formare una famiglia. Scelgono sempre attività solitarie, non hanno interesse nell'avere esperienze sessuali con un'altra persona e si godono quasi nessuna attività. Non hanno amici intimi nè persone di fiducia, eccetto i familiari di primo grado, cioè, genitori o figli.

Si mostrano indifferenti tanto ai complimenti quanto alle critiche dei più e possono mostrare freddezza emotiva, distacco o affettività piatta. Il disturbo schizofrenico della personalità: presenta un modello generale di deficit sociali e interpersonali associati a un malessere acuto e una capacità ridotta per le relazioni personali, così come distorsioni percettive ed eccentricità del comportamento.

Convinzioni strane, sospetti, superstizione, telepatia, illusioni corporee, così come pensiero e linguaggio strani. Affettività inappropriata o ristretta. Comportamento o aspetto eccentrico o bizzarro. Mancanza di amici intimi e sfiducia nei confronti dei parenti di primo grado.

Ansia sociale che non diminuisce con la familiarizzazione, associata a paure paranoiche e non a giudizi negativi su se stessi. Relazione tra una PAS e una persona con disturbo di gruppo A: la persona altamente sensibile deve proteggersi da quegli individui con ostilità mascherata, poiché la rabbia si nasconde dietro la sua facciata sorridente. Inoltre, possono sembrare sinceri in un primo momento, però in verità non sono persone di cui fidarsi, promettono, però non mantengono le loro promesse.

Convivere a avere una relazione stretta con questo tipi di persone, può portare a depressione nella persona altamente sensibile, poiché nascondono la rabbia in corso e i sentimenti di rabbia o frustrazione, mentre la PAS genera facilmente sentimenti di colpa. Ad esempio, le persone con disturbo di gruppo

A possono usare commenti sarcastici e poi giustificarsi con "era uno scherzo", o dimenticare l'anniversario del loro partner quando sanno che è importante per loro. Per convivere con questo tipo di individui, le persone altamente sensibili devono acquisire buone capacità comunicative e favorire la crescita della propria autostima.

GRUPPO B:

Individui eccessivamente estroversi, emotivi, impulsivi, instabili e immaturi.

Il disturbo della personalità antisociale: mostrano un modello generale di disprezzo e violazione dei diritti degli altri. Possono avere insuccesso nell'adattarsi a norme sociali, disonestà, impulsività, irritabilità o aggressività. Di solito sono imprudenti verso la loro sicurezza o quella degli altri e si comportano in modo irresponsabile in modo persistente, senza avere rimorsi.

Il disturbo limite della personalità: presenta un modello generale di instabilità nelle relazioni interpersonali alternando gli estremi di idealizzazione e svalutazione. Alterazione dell'identità, l'immagine di sé o della propria percezione. Instabilità affettiva dovuta a reattività dello stato d'animo, con episodi di disforia, irritabilità e ansia. Impulsività, che si manifesta in condotte come, sprechi, abuso di sostanze o guida spericolata. Possono manifestare sforzi frenetici per evitare un abbandono reale o immaginario.

Tentativi o tendenze suicide ricorrenti o comportamenti autolesionisti. Sentimenti cronici di vuoto.

Rabbia sproporzionata, cattivo umore, rabbia costante. Ideazioni paranoidi o sintomi dissociativi.

Disturbo istrionico della personalità: sono persone con eccessiva emotività, che sono in costante ricerca di attenzione. Di solito non si sentono a loro agio nelle situazioni in cui non si sentono al centro dell'attenzione.

L'interazione con gli altri può essere caratterizzata da un comportamento sessualmente seduttivo o provocativo. La loro espressione emotiva è superficiale, però cambia rapidamente. La loro forma di parlare è eccessivamente soggettiva.

La loro espressione emotiva può essere veramente esagerata, basata sull'auto tragedia e dal teatro. Inoltre, può essere una persona facilmente influenzabile dagli altri. In quanto a relazioni interpersonali, le considera più intime di quello che sono.

Disturbo narcisistico della personalità: si tratta di persone che hanno bisogno di essere ammirate e mancano di empatia. Hanno un grandissimo senso di importanza di sè, esagerano con i successi e si aspettano di essere riconosciuti come superiori. La loro fantasia di successo può essere illimitata.

Credono di essere speciali o unici e che possono

essere compresi solo da altre persone speciali come loro o di status elevato. Esige un'ammirazione eccessiva e può presentare aspettative irragionevoli di ricevere un trattamento di favore speciale. Nelle sue relazioni interpersonali è sfruttatore, cioè cerca di approfittarsi degli altri.

Di solito invidiano gli altri e pensano che ciò che gli altri invidino loro.

Il loro comportamento può essere caratterizzato da arroganza e superbia.

La relazione tra un PAS e una persona con disturbo del gruppo B: le persone altamente sensibili devono essere all'erta quando conoscono qualcuno con un disturbo inquadrato in questo tipo, visto che possono risultare positive in un primo momento, però finiscono sempre per risultare in relazioni tossiche.

I PAS possono dare facilmente il loro cuore per la loro elevata empatia e questo tipo di persone finiscono per provocare distorsione ed entropia. Alcuni di questi disturbi fanno sì che la persona che ne soffre si trasformi in qualcuno che attacca sminuendo, critiche, fanno sentire in colpa l'altro o anche, gode umiliando e discriminando.

Di fronte a questo tipo di individui, la persona

altamente sensibile deve attuare in modo audace, anticipando le situazioni e pianificando strategie di azione.

E' importante non fare caso alle loro critiche intenzionali, cercare aiuto professionale se la persona disturbato ha danneggiato l'autostima della persona altamente sensibile, o, se la situazione è andata troppo in là generando ansia o depressione. Questo è probabilmente dovuto al fatto che i PAS sentono in modo più intenso, per tanto, sono più suscettibili a situazioni che generano emozioni estreme.

GRUPPO C

Il disturbo di personalità per evitamento: presentano un modello generale di inibizione sociale, sentimenti di inferiorità e ipersensibilità al giudizio negativo.

DI solito evitano lavori o attività che implichino contatto interpersonale per paura delle critiche o del rifiuto.

Riluttante a farsi coinvolgere dalle persone e repressivo nelle relazioni intime per paura del ridicolo.

Disturbo dipendente di personalità: si tratta di persone con un bisogno eccessivo di prendersi cura di loro, causando loro un comportamento di sottomissione, attaccamento e paura della separazione. Hanno difficoltà a prendere decisioni quotidiane senza il consiglio degli altri.

Hanno bisogno che gli altri si assumano la responsabilità nelle aree principali della loro vita. Hanno difficoltà ad esprimere disaccordo per paura di perdere il sostegno, così come difficoltà ad avviare progetti a causa della mancanza di fiducia nel proprio giudizio. Possono anche svolgere compiti spiacevoli per ottenere la protezione e il sostegno degli altri.

Il disturbo ossessivo-compulsivo della personalità: si tratta di persone che si preoccupano in maniera ossessiva per l'ordine, i dettagli, le regole, l'organizzazione, gli orari, fino al punto di perdere di vista l'oggetto principale dell'attività. Di solito sono incapaci di finire un progetto per non aver soddisfatto le loro esigenze troppo severe. La loro dedicazione eccessiva al lavoro e alla produttività va a scapito delle attività di ozio e delle amicizie.

Mostrano eccessiva testardaggine, coscienziosità e inflessibilità su questioni morali. A volte non sono in grado di lanciare oggetti inutili, anche se non hanno nemmeno un valore affettivo. Sono riluttanti a delegare compiti e avidi di spese, credendo che debbano essere accumulate in vista di catastrofi future.

Relazioni tra un PAS e una persona con disturbi del gruppo C: le persone altamente sensibili devono proteggersi dagli individui critici e controllori compulsivi, che offrono continui suggerimenti richiesti o meno, e si impegnano a evidenziare gli errori o i difetti dell'altro.

Tenendo da conto che i PAS sono molto responsabili di natura, possono prendere facilmente sul serio le critiche i consigli della persona disturbata, dando il via libera a un disturbo depressivo con il tempo. E' importante sapere che ascoltare tutti i tipo di opinioni non suppone farci caso, ogni persona è libera di prendere le proprie decisioni.

Un estraniamento nell'assertività e abilità di comunicazione può aiutare le persone PAS che convivono o si relazionano abitualmente con persone del gruppo C. Così come, le persone altamente sensibili sono molto creative e attive, e si possono veder influenzate nelle relazioni in cui brilla l'isolamento, la tristezza e l'apatia, generando tristezza, ansia e bassa autostima.

I PAS hanno iniziativa, avanzano con progetti e sono capaci di cercare il lato positivo in tutto se vivono buone esperienze, in cambio, si possono vedere influenzate in maniera negativa da esperienze sociali e di coppia basate sull'inattività. Potremo dire che ci sono due cose che "uccidono lentamente", il cancro e l'indifferenza.

9.2. Mindfulness per aiutare le persone altamente sensibili

La tecnica psicologica chiamata mindfulness o attenzione piena, consiste nell'allenare la persona nel concentrarsi nel momento presente in forma attiva e riflessiva. L'obiettivo è imparare a vivere gli eventi nel momento attuale, ai PAS costa focalizzare la loro attenzione nel qui e ora, così come, confrontarsi con vivere nell'irrealtà o evitare di sognare ad occhi aperti. Si tratta di osservare senza giudicare, accettando ciascuna esperienza così com'è o come sta andando, una valutazione della realtà esente da critica.

Le persone altamente sensibili possono necessitare un consulto per il problema che suppone la saturazione, che a sua volta interferisce con la profondità del processamento.

Fanno riflessioni profonde su loro stessi, sul passato, sulla famiglia o sull'aver scelto alcuni o amici e non altri, allo stesso modo, possono essere realmente preoccupati per la morte e la sofferenza. Una mente sempre in movimento che viaggia dal passato al presente, richiederà cercare aiuto professionale psicologico o psicoterapeuta.

Poter stare al mondo senza pregiudizi, aperti

all'esperienza sensoriale, attenti ad essa e senza rifiutarla attivamente, è un fenomeno di interesse per le persone altamente sensibili. Compito dello psicologo in questo caso è di proporre in termini positivi come orientare l'attenzione e come agire, adattando ogni situazione ed evidenziando i problemi che possono sorgere dal non focalizzarsi sul momento presente come indicato dalla formazione.

Significa che, l'allenamento alla tecnica mindfulness suppone istruire il paziente affinchè osservi il suo corpo e la sua mente e lo descriva, cercando di non applicare giudizio valutativo, però concentrandosi sul momento presente. E' un tipo di meditazione basata sull'ideale zen di vivere nel momento presente, proveniente dalla cultura orientale, mescolata con apporti psicologici del costrutto della personalità, terapia di accettazione e compromesso o altre terapie più comportementaliste.

Il procedimento di applicazione della tecnica consiste in gran parte nel rilassamento progressivo, l'osservazione del comportamento senza cercare di controllarlo, l'accettazione di qualsiasi sensazione che si produca, senza che supponga una lotta o controllo del proprio movimento nè del cambio che suppone la condotta in questione. Gli esercizi concreti possono essere molto diversi, incluso l'allenamento alla respirazione, rilassamento e auto istruzioni.

Per uno studio più dettagliato degli esercizi si raccomanda consultare, l'Allenamento Autogeno di Schutz; Mindfulness based stess reduction program de Kabat-Zinn; Terapia di condotta dialettica di Linehan; Mindfulness based cognitive therapy de Segal; o anche, la Terapia dell'Accettazione e Compromesso di Hayes.

Le emozioni negative, come vergogna, ira, tristezza, paura o ansia, possono essere normali in generale nella popolazione. Tuttavia, sappiamo che una persona altamente sensibile tende più a presentare emozioni più intense e frequenti, incluse quelle negative.

Quindi, i PAS possono beneficiare dell'allenamento mindfulness, dell'acquisizione di una personalità non basata sul rifiuto nè reprimere i pensieri, anzi il contrario, accettarli esattamente come sono. Non si tratta quindi di confrontarsi ai sentimenti di tensione, rabbia o angoscia, ma si tratta di imparare a convivere con loro, perchè "quello che stai sentendo è parte di te".

Vallejo (2010) parla di mindfulness, fenomeno di evidente interesse in psicologia, come modalità di coinvolgimento in attività abituali, problematiche o meno.

La tecnica consiste nel sentire le cose mentre accadono, senza cercare il tuo controllo. Non si tratta di concentrarsi su un pensiero per cambiarlo in uno positivo, come accade in altre tecniche psicologiche. Si tratta di accettare esperienze e sensazioni così come accadono nel momento specifico, permettendo così di vivere il presente di ogni esperienza, senza sostituirlo con ciò che dovrebbe accadere o ciò che è accaduto in simili situazioni passate.

Consiste anche nel mettere gli stimoli e le emozioni prima della loro interpretazione. Il pensiero e il linguaggio hanno una forza audace per coprire ciò che è visto e sentito, anche se è ovvio. È comune che il verbale sostituisca il reale, conformando l'esperienza a rigide strutture di pensiero o stereotipi. I pregiudizi contribuiscono a distorcere l'esperienza, perdendo così la ricchezza della variabilità delle percezioni e delle emozioni.

Consiste anche, ci dice lo psicologo, nell'accettazione non valutativa dell'esperienza, nell'accettare l'esperienza così com'è, sia il positivo che il negativo e sia il perfetto che l'imperfetto. Affrontare le esperienze come naturali e normali, sebbene sia ovvio che si preferisce qualcosa di positivo e piacevole, la tecnica ci chiede di accettare anche un'esperienza spiacevole, poiché è anche nostra, più o meno ci piace. Accettando la situazione in questione senza generare un giudizio di valore su di essa, permette di non rifiutarla o fuggire.

Quando si applica la tecnica deve esserci sempre l'intenzione diretta di concentrarsi su qualcosa, la persona sceglie cosa guardare, agire o pensare. Sebbene sembri che la consapevolezza incoraggi a lasciar andare, non è così, ogni persona fissa i propri obiettivi, progetti e valori nella vita. Tuttavia, una volta che l'individuo è immerso nella situazione prescelta, direttamente o indirettamente, deve viverla così com'è, accettando tutto ciò che in essa accade. Inoltre, il soggetto non dovrebbe cercare di controllare le reazioni, i sentimenti o le emozioni, ma di viverli mentre si verificano, anche se si tratta di emozioni negative, come paura, rabbia, tristezza o angoscia.

Questo è il modo per rendere efficace la tecnica della consapevolezza nella terapia psicologica, nonostante il fatto che questo sembri in qualche modo contraddittorio con la maggior parte delle tecniche psicologiche che cercano di ridurre l'attivazione, controllare l'ansia o eliminare i pensieri negativi.

9.3. Soluzione di problemi come terapia per persone altamente sensibili

La Terapia di Soluzione di Problemi si utilizza per migliorare la competenza sociale per diminuire il malessere psicologico dovuto a problemi specifici che si vanno presentando in un individuo durante il corso della vita. In concreto le Persone Altamente Sensibili beneficiano di questa terapia per avere il vantaggio di essere utile per confrontare qualsiasi tipo di problema.

Possono essere problemi interpersonali, come la difficoltà appresa ma legata al tratto di paura del giudizio sociale derivato da brutte esperienze, o difficoltà nel prendere decisioni o presentare una tendenza culturale più individualistica. Può anche risolvere problemi intrapersonali, come depressione, ansia o stress post-traumatico.

Un motivo che porta frequentemente il paziente altamente sensibile a una consulta da uno psicologo, è che si vedono più influenzati da un'esperienza traumatica e più facilmente sopraffatti che altri tipi di pazienti. Le esperienze che sperimentano con grande emozione possono portarli a dissociarsi in certa misura dalla realtà, significa, distanziarsi dalle esperienze a livello fisico ed emotivo.

La Terapia di Soluzione dei Problemi ha il vantaggio di portarsi alla fine dell'ambiente naturale o mondo reale della persona, con l'obiettivo di trovare conseguenze positive ed evitare o sminuire quelle negative. Le emozioni, determinanti per una persona altamente sensibile, hanno anche un ruolo importante nella soluzione dei problemi.

Perchè esista attivazione emotiva al momento di soluzionare i problemi, dobbiamo orientare la soluzione rispetto a tre varianti: l'obiettività della situazione problematica, la forma in cui l'individuo orienta il suo problema e lo stile individuale della risoluzione dei problemi.

Una risposta emotiva può essere positiva, favorendo il processo di soluzione dei problemi, o anche negativa interferendo con detto processo. Le situazioni problematiche obiettive di solitamente sono avverse, generando nel paziente risposte emotive negative, come frustrazioni, ambiguità, dolore o perdita di rinforzi.

Rispetto alla forma in cui il paziente orienta il problema, se la persona si frustra facilmente, qualcosa che è facile che accada nella persona altamente sensibile, può vedere il problema come qualcosa che sfora e che risulta impossibile da risolvere, o al contrario, può essere visto come qualcosa di naturale della sua vita.

E, per ultimo, lo stile di soluzione dei problemi può essere adattivo, permettendo di risolverlo, o al contrario può essere uno stile basato all'evitamento o dell'impulsività, ostacolando la soluzione.

Le risposte emotive positive aiutano un'ottima risoluzione dei problemi. Se durante il processo riscontriamo emozioni negative che ostacolano la terapia nella risoluzione dei problemi, dobbiamo trattarle con tecniche cognitive come, rilassamento, desensibilizzazione sistematica o allenamento al' inoculazione dello stress. Quando il paziente ha imparato a controllare suddette emozioni, potremo applicare la Terapia della Soluzione dei Problemi.

Becoña (2010) considera la Terapia di soluzione dei problemi un intervento clinico efficace.

L'applicazione della terapia attraverso la creazione di un'adeguata relazione terapeutica e valutata la capacità individuale del paziente e il suo orientamento verso il problema, incluso i seguenti passi: definizione del problema, generazione di soluzioni alternative, attuazione delle decisioni prese e verifica della soluzione.

Tra i vantaggi di essere altamente sensibile abbiamo

evidenziato che la maggior parte sono persone riflessive , intuitive, creative e intelligenti, dovuto alla qualità del processamento profondo dell'informazione presente nel loro tratto innato. Queste virtù favoriscono il successo della terapia di soluzione dei problemi, visto che la fase iniziale di orientamento fino al problema sarà fondamentale però fattibile e include: fomentare la convinzione di autoefficacia, riconoscere il problema, atteggiamento di sfida verso il problema, usare le emozioni, così come, fermarsi e pensare prima di agire.

Preso atto che esiste un problema per cui si possono cercare soluzioni, la fase seguente aggiunge ulteriore importanza ai fatti che hanno generato il problema, si chiarisce il perchè quella situazione è un problema e si pone una meta realistica.

Questa meta deve essere basata nel distinguere problemi risolvibili semplici o complessi, divisibili in subproblemi, oppure, rendersi conto se siamo di fronte a un problema non risolvibile che possiamo chiamare soluzione rigida. Ogni situazione rigida deve essere affrontata come un problema che può essere risolto solo assumendolo, poiché non c'è soluzione, ad esempio, la perdita di un famigliare o l'avere una malattia cronica.

Per quanto riguarda il resto dei passaggi da seguire nella risoluzione dei problemi, si possono utilizzare tecniche utili come il brainstorming per trovare alternative, il rinvio della prova per non valutare istantaneamente ogni alternativa, il gioco di ruolo nell'immaginazione per anticipare i risultati della decisione, confrontare possibili risultati, preparare un piano, l'auto-osservazione del comportamento scelto, l'autovalutazione e l'autorinforzo per rafforzare sia l'esecuzione che il controllo percepito.

9.4. Terapia famigliare sistemica applicata a famiglie con membri PAS

La terapia famigliare sistemica consiste in un approccio integrativo al trattamento che si basa sui rapporti tra il paziente e la sua famiglia o, quelle persone significative nella vita dell'individuo.

Il sistema è inteso come un gruppo e la pratica della terapia affronta la comunicazione e altre abilità sociali in modo contestuale, cioè in termini di interazione dell'individuo con altri membri della famiglia, cercando di risolvere problemi adattivi, sia i propri che quelli ad essi collegati .altre difficoltà. L'interazione tra trasformazione, feedback e comunicazione sono gli elementi chiave di questa terapia.

Rodríguez-Arias y Venero (2006), considerano come elemento essenziale del trattamento in Terapia Familiar Breve, la risposta a ciò che mantiene il problema. Vale a dire, che impedisce che i pazienti risolvano i loro problemi familiari, nonostante la loro volontà di risolverli. Secondo gli autori, le lamentele che si mantengono dovute ai tentativi di soluzione inefficace.

Le persone altamente sensibili possono andare

avanti anni con tentativi di soluzione che non danno frutti, soprattutto quando non ci sono più membri con il tratto nella loro famiglia, oppure, se si sentono incompresi. Presentano problemi nel tentare di adattare il tratto al loro mondo, causando distorsione tra le funzioni intrapersonali e interpersonali. Vale a dire, la percezione dell'intimità, vicinanza o distanza verso gli altri, appoggio ricevuto o sentimento di solitudine, che sono propri nei PAS con disturbo adattativo, si vedono influenzati da fattori relativi su come l'individuo si relaziona con le persone significative della sua vita.

Il comportamento associato al ruolo che gioca una persona come membro della sua famiglia, o come membro di un gruppo vicino a quello famigliare, di amicizia o lavorativo, si intende determinato da alcune regole legate al sistema o al contesto in questione. Lo scopo della terapia sistemica è modificare i modelli di interazione tra i membri del gruppo, per ottenere un comportamento più adattivo. Implica l'identificazione dei comportamenti da cambiare, il rinforzo positivo e la valutazione dei risultati conseguiti.

I membri della famiglia, durante le prime sessioni, si centrano sulla colpa verso gli altri o loro stessi, come strategia di difesa o di giustificazione. I PAS tendono ad accumulare senso di colpa, per cui, assorbire più colpe delle persone che ama, può arrivare ad essere abbastanza negativo per loro.

Né gioverà loro sentire che i loro cari si sentono in colpa per qualcosa che li riguarda come membri della famiglia. E' fondamentale aggiustare la Terapia Famigliare Sistemica alla particolarità del tratto PAS, facendo colloqui iniziali individuali con il fine di individuare se qualcuno dei membri possiede il tratto dell'alta sensibilità. Si deve informare delle regole che seguiranno la terapia, tra queste, impedire di dedicare le prime sessioni al senso di colpa tra i partecipanti. In questo modo si faciliterà il successo dell'intervento.

I problemi e le preoccupazioni che mettono in gioco le persone che participano alla sessione, che provocano loro malessere, fastidio o disagio, possono essere divisi in lamentele e domande. Le lamentele sono quelle dichiarazioni che esprime un paziente per descrivere l'ostacolo che impedisce di sentirsi del tutto bene, però che non implica richiesta di intervento.

Al contrario, la domanda è ciò su cui il paziente sollecita qualche tipo di risoluzione o intervento psicoterapeutico. Ad esempio, una madre molto sensibile, informata e consapevole della sua paura di parlare in pubblico da quando ha frequentato il liceo e odiava andare alla lavagna, che visita sua figlia per aver presentato un fallimento scolastico.

La madre espone il suo attuale problema lavorativo, dal momento che è un'insegnante adulta nelle carceri e la sua paura interferisce con il suo lavoro quotidiano, presentando così la sua denuncia. Chiede aiuto per sua figlia, poiché pensa che possa succedere la stessa cosa anche a lei, visto che hanno scoperto di recente che madre e figlia sono molto sensibili e chiedono soluzioni alle difficoltà scolastiche della ragazza.

Una volta individuate le lamentele e le domande, il terapeuta indaga sulla spiegazione, che ciascuna persona di chi interviene in terapia, si da a se stessa sull'inizio e la persistenza di ciascuna lamentela.

Cambiare idee e convinzioni che le persone hanno su come si spiega perchè permane il motivo della lamentela, aiuterà la risoluzione del problema. Per esempio, sapere che tuo figlio BAS ha bisogno di ordine per crescere tranquillo e sentirsi bene con se stesso, aiuterà la famiglia a favorire lo stabilirsi di routine e premiare le abitudini necessarie.

Per quanto riguarda gli obiettivi terapeutici, vengono concordati tra gli assistenti e il terapeuta. Una volta registrati i reclami e a cosa si attribuisce l'origine e la persistenza del disagio, si valutano le soluzioni finora tentate e inefficaci e il cambiamento prima del trattamento. Successivamente, il terapeuta inizierà le domande e registrerà i principali commenti terapeutici in base alle risposte. E infine, il risultato dell'intervento confronterà la valutazione iniziale con quella finale.

OMAR E TADEO 4 ANNI

Due fratelli gemelli di quattro anni, tanto diversi nel loro comportamento come il giorno e la notte. I loro genitori decisero che Omar andasse dallo psicologo perchè aveva molti capricci, non parlava molto e pensavano che si relazionasse poco con gli altri bambini. Avevano Tadeo come termine diretto di paragone.

Tadeo era rapido, audace, parlava con decisione e chiarezza, oltre ad essere molto popolare tra i suoi amici del collegio. Al consulto non si individuava che Omar potesse presentare a priori qualche patologia e gli si diagnosticò un ritardo maturativo. L'obiettivo era stimolare il suo linguaggio e promuovere le sue relazioni con coetanei. L'osservazione durante il corso dei mesi dimostrò ciò che all'inizio sembrava ovvio. Ciascun fratello aveva il suo ritmo evolutivo. Ognuno aveva il suo temperamento e i suoi gusti e interessi.

All'inizio delle sedute si fece una prova per individuare se uno dei gemelli mostrava il tratto dell'alta sensiblità. Lo scopo dell'approccio era quello di fare uno studio comparativo tra i due, poiché era la più grande preoccupazione da parte della famiglia.

Come previsto, Omar ha mostrato più elementi a favore del tratto BAS rispetto a suo fratello gemello.

Furono mesi di osservazione lavorando tanto con il bambino, quanto con il resto della famiglia. Si concluse che quelli che all'inizio sembravano sintomi di un ritardo maturativo, si convertissero in autentiche qualità per il bambino. Queste qualità infatti già le aveva, erano le sue qualità nascoste. Omar brillava per la sua prudenza, visto che pensava prima di agire e prima di parlare. Però non gli avevano dato la possibilità di esprimersi, visto che sua madre rispondeva sempre impulsivamente per lui.

Quando si lavorò con la famiglia affinchè gli lasciassero il suo tempo necessario per rispondere e reagire, tutto cambiò. Un altro vantaggio che Omar era molto selettivo con le sue amicizie. Aveva chiaro con quali bambini si sentiva bene e con quali non voleva nè stare nè giocare. Per via del fatto che era più tranquillo di molti bambini della sua scuola e non gli piacevano le rivolte. I genitori capirono che dovevano rispettare che i loro figli gemelli fossero diversi e così tutto sarebbe andato a meraviglia.

I bambini sono i più vulnerabili della società. Hanno tutta l'attenzione dei genitori in quanto bisogni fisici, educativi e sociali. Tuttavia, a volte i genitori oi tutori non sono consapevoli del bisogno emotivo degli alunni. Il modo di sentire e percepire il mondo può variare molto da genitori a figli. Non sempre c'è un problema di salute mentale quando un bambino non si comporta come ci si aspetta che faccia.

Semplicemente può essere necessario empatizzare con la sua maniera di vedere il mondo e cercare i ricordi adeguati per risolvere le sue necessità.

Referenze

Becoña, E. y Gutiérrez-Moyano, M.M. (1987). Las terapias de solución de problemas: Una revisión. Revista Española de Terapia del Comportamiento, 5, 89-118. Rodríguez-Arias, J. L., y Venero, M. (2006). Terapia familiar breve. Guía para sistematizar el tratamiento psicoterapéutico [Brief family therapy. Guide to systematise psychotherapy]. Madrid, Spain: CCS.

D'Zurilla, T.J. (1993). Terapia de resolución de conflictos: Competencia social, un nuevo enfoque en la intervención clínica. Bilbao. Desclée de Brouwer.

Nezu, A.M. y Nezu, C.M. (1991). Entrenamiento en solución de problemas. En V.E. Caballo (ed.). Manual de técnicas de terapia y modificación de conducta (Pags 527-553). Madrid. Promolibro.

Díaz-García, M. I. y Díaz-Sibaja, M. A. (2005). Problemas cotidianos del comportamiento infantil. En M.I. Comeche, y M.A. Vallejo (Coor.), Manual de terapia de conducta en la infancia. Madrid: Dykinson.Entrenamiento Autógeno de Schutz.

Hayes, S.C., Strosahl, K.D. y Wilson, K.G. (2014). Terapia

de aceptación y compromiso: proceso y práctica del cambio consciente (mindfulness). Desclée de Brouwer.

Kabat-Zinn, J. (2003). Mindfulness-based stress reduction (MBSR). Constructivism in the Human Sciences, 8(2), 73-83. Retrieved from https://www.proquest.com/scholarly-journals/mindfulness-based-stress-reduction-mbsr/docview/204582884/se-2?accountid=14744Terapia de conducta dialéctica de Linehan.

Segal, Z. V., Teasdale, J. D., y Williams, J. M. G. (2004). Mindfulness-Based Cognitive Therapy: Theoretical Rationale and Empirical Status. In S. C. Hayes, V. M. Follette, y M. M. Linehan (Eds.), Mindfulness and acceptance: Expanding the cognitive-behavioral tradition (p. 45–65). Guilford Press.

Sohst, K. (2017). El poder de la sensibilidad Como identificar a las personas altamente sensibles y qué podemos aprender de ellas. Editorial Ariel.

Vallejo, M. A. y Ruiz, M. A. (eds.) (1993). Manual práctico de modificación de conducta. Madrid: Fundación Universidad Empresa.

Wilson, K. G., y Soriano, M. C. L. (2002). Terapia de aceptación y compromiso (ACT): un tratamiento conductual orientado a los valores. Ediciones Pirámide.